KB040068

남북한 관련 헝가리 외무성 행정기밀문서 목록

(1945-1992)

이 저서는 2014년 정부(교육부)의 재원으로 한국연구재단의 지원을 받아 수행된 연구임
(NRF-2014S1A5B4063341)
This work was supported by the National Research Foundation of Korea Grant funded by
the Korean Government (NRF-2014S1A5B4063341)

남북한 관련 헝가리 외무성 행정기밀문서 목록(1945-1992)

초판 1쇄 발행 2016년 10월 28일

편 역 ㅣ 김보국
펴낸이 ㅣ 윤관백
펴낸곳 ㅣ 도서출판 선인

등록 ㅣ 제5-77호(1998.11.4)
주소 ㅣ 서울시 마포구 마포대로 4다길 4 곳마루 B/D 1층
전화 ㅣ 02)718-6252 / 6257   팩스 ㅣ 02)718-6253
E-mail ㅣ sunin72@chol.com
Homepage ㅣ www.suninbook.com

정가 20,000원

ISBN 979-11-6068-001-0 94900
ISBN 979-11-6068-000-3 (세트)

· 잘못된 책은 바꿔 드립니다.

성균관대학교 해방 전후 한국문제에 대한 국제적 논의 연구총서 1

남북한 관련 헝가리 외무성 행정기밀문서 목록

(1945-1992)

김보국

 도서출판 선인

▍서문

기밀 해제된 헝가리 외무성 자료를 다룬 지 10년이 되었다. 하지만 누군가가 그동안 무슨 연구를 했느냐고 묻는 다면 궁색한 대답 밖에는 달리 머리에 떠오르는 것이 없다. 10년 동안 나름 열정을 가지고 자료 연구를 했다고는 하지만 딱히 "지난 10년을 이 한 주제에 집중했다"거나, "이런 연구 성과는 그간의 대표되는 실적이라 할 수 있다"고 말하는 것에는 저어할 뿐이다. 아마 그 이유는 워낙 자료가 방대한 데서, 그래서 몇 권의 관련 서적을 출판하고, 그보다 더 많은 논문을 게재하고, 논문 편수 이상으로 학술대회에서 발표를 했다고는 하지만, 이제 시작에 불과하다고 생각하기 때문일 것이다.

이 목록집은 2014년도 한국연구재단의 '해방 전후 한국문제에 대한 국제적 논의 연구'에 관한 토대연구를 수행하며 그 작은 결과물이다. 연구 프로젝트는 실상 1956년 자료까지로 한정했으나 전체적인 목록을 정리할 필요성에 의해 1992년 자료들까지 살펴보고 정리한 것이다. 이러한 목록집이 어떤 의미가 있을까 싶기도 하지만, 자료 전체의 윤곽을 그려보지 않고서는 협소한 시기나 주제에 한정될 수도 있고, 그리고 무엇보다 아직은 생소한 동유럽의 외교 자료에 대해 이 목록은 전체적인 개요의 역할을 할 수도 있을 것으로 기대하며 출판을 하게 되었다.

이 목록집은 2012년에 출간한, 남북한 관련 헝가리 외무성의 외교기밀 문서 목록집의 연장선에 있다고 할 수 있다. 헝가리 외무성에서 생성한 과거의 기밀문서들은 크게 두 가지로 분류될 수 있다. 그 하나는 소위 "뛰끄(TÜK, titkos ügykezelés)"로 분류된, 기밀취급문서들인데 일반적으로 정치적, 외교적으로 민감한 사안들을 포함하며 이 자료들에 대한 취급 교육을 받은 이들만 다룰 수 있는 자료들이다. 2012년에 출간한 목록집은 이 자료들로 구성되어 있다. 또 다른 자료는 일반행정기밀문서(általános adminisztrációs ügykezelésű iratok)로서 보통 교육, 문화 등을 포함한 행정 서류들이 다수이지만, 1953년에 있었던 박헌영, 리승엽 등의 재판 관련 보고 등 다소 민감한 자료들도 이에 분류되어 있고 이 문서들 역시 대부분은 기밀문서에 해당한다.

일반행정기밀문서 목록집을 발간하며 헝가리 외무성 출처의 남북한 관련 문서들에 대해서는 일단의 전체적인 윤곽을 살펴볼 수 있게 되었다. 하지만 이 두 종류에 해당하는 문서가 10만 장에 이르는 이유로, 그리고 더 솔직하게 고백하자면, 그 내용들을 아직은 전부 파악하지 못한 이유로 이 목록집들이 전체 문서에 대한 완전한 내용을 담고 있지는 못하다. 일부는 자료의 소장 기관인 헝가리 국립 문서보관소의 목록을 참조하여 수정과 첨삭을 하였는데, 목록에 제시된 바를 원 문서와 부분적으로 대조하여 확인했기에 향후 또다시 지난한 과정을 거쳐 더욱 완결된 모습으로 선보일 것을 이 서문을 통해 다짐해 본다.

10년의 시간 동안 꾸준히 자료를 수집하고 정리하는 동안 많은 시행착오와 끝이 보이지 않고, 그 끝도 어쩌면 열정만을 삼킨 헛된 것이 아닐까 하는 불안감이 엄습할 때가 많았다. 하지만 자료의 가치를 인정해 주시고 방법론적 조언을 아끼지 않은 진재교 교수님과 연구를 항상 독려해 주신

마인섭 교수님의 지지와 성원은 그러한 불안감을 상쇄시키기에 충분한 것
이었음을 이 지면을 빌려 전해드리고자 한다.

2016년 8월, 부다페스트에서

김보국

목 차

남북한 관련 헝가리 외무성 행정기밀문서 목록
(1945-1992)

Box 번호	문서 번호/연도	제 목
1	022516/1950	헝가리 공사관(公使館) 관원(館員)의 조선 도착에 관한 보고.
1	022853/1950	평양의 정치적 포고령.
1	024688/1950	공사관 업무 평가.
1	026806/1950	공사관 업무 평가.
1	Ikt.sz.n./1950	조선의 공사관.
1	0520/Phenjan/1-1/1950	공사관에서 조선인들 고용.
1	0503/csop/5-52/1950	평양 공사관에서 통역 고용.
1	0503/csop/5-6/1950	평양 공사관에서 통역 고용.
1	0503/csop/6-22/1950	공사관에서 조선인들의 고용.
1	0503/x/6-26/1950	조선인 고용.
1	029906/1950	임시 고용인들에 대하여 보고할 것을 알림.
1	03978/1951	조선 공사관의 업무.
1	07955/1951	조선 공사관의 업무.
1	02049/1952	중국인 요리사 고용.
1	018434/1951	중국인 요리사 고용.
1	012081/1952	남한의 정권 위기에 관한 정보.
1	Ikt.sz.n./1949	"136p3 biz.pol/1949"호 훈령에 대한 첨부 자료.
1	Ikt.sz.n./1954	소련-조선의 무역 관계.
1	4/X/17-1/1960	헝가리의 당 및 주요 정부 지도자들 명단.
1	022521/1950	1950년 5월부터 6월 30일까지 평양 공사관의 업무계획 개요.
1	026601/1950	헝가리 외무성 본청은 평양의 헝가리 공사관에 과업 계획 보낼 것을 요청.

1	03938/1951	헝가리 외무성 본청의 정치국 과업 계획을 평양 헝가리 공사관에 발송.
1	01057/1951	훈령 지연.
1	01967/2/1952 01967/4/1952 01967/5/1952 01967/6/1952	업무일지.
1	02183/1953 02183/1/1953 02183/2/1953 02183/3/1953 02183/4/1953 02183/5/1953	업무일지 보고.
1	02199/1953 02199/1/1953 02199/2/1953	공사관에서 업무 회의.
1	03080/1952 03080/1/1952 03080/2/1952 03080/3/1952 03080/4/1952 03080/5/1952	공사관에서 업무 회의.
1	01216/1954 01216/1/1954 01216/2/1954 01216/3/1954 01216/4/1954 01216/5/1954 01216/6/1954 01216/7/1954 01216/8/1954	업무일지.

	01216/9/1954 01216/10/1954	
1	025/25/11-11/1955	모스크바의 결정문에 대한 토의.
1	4/X/42-1/1960 4/X/42-2/1960 4/X/42-3/1960	보건성(省)의 자료 송부.
1	3983/1949	조선민주주의인민공화국으로 몰나르 에리끄 (Molnár Erik) 모스크바 대사의 임명 승인(承認).
1	4989/1949	대사 몰나르 에리끄 박사(Dr. Molnár Erik)에게 평양 주재 헝가리 공사관 지도와 더불어 공사 급 신임에 대한 조선민주주의인민공화국 정부 의 사전 승인 요청.
1	01788/1950	쉬미취 샨도르(Simics Sándor) 공사(公使)에 대 한 아그레망 요청.
1	0131/1950	조선의 공사관.
1	022520/1950	평양의 헝가리 공사관 지도와 관련하여 김두 봉(Kim Du Bon)이 쉬미취 샨도르(Simics Sándor) 특임 공사의 신임장을 제정.
1	Ikt.sz.n./1951	빠쓰또르 까로이(Pásztor Károly) 공사의 서신.
1	41.szig.biz.pol. 1951	신임장 제정.
1	70.szig.biz.pol. 1951	소개 인사 차 김일성(Kim Ir Szen) 동지 방문.
1	03620/1951	신임장 제정 시, 헝가리 공사의 연설.
1	07956/1951	조선의 헝가리 공사와 두 명의 공관원의 여행 에 관한 보고.
1	325/X/43-8/1952	공관직원 관련 문제.
1	03979/1952 03979/1/1952	헤게뒤쉬 빌러(Hegedűs Béla) 동지 접종관련 문제.
1	07241,1/1952	뚜러(Tura), 뻐쁘 라슬로(Papp László) 동지 접종 관련 문제.
1	013248/1953	라슬로(László), 뻐쁘(Papp) 동지의 훈장.

1	013962/1952	1953년도 휴가 계획.
1	Ikt.sz.n./1954	써르버쉬(Szarvas) 동지가 조선의 대사, 안영 (An Jen)을 인사 차 방문.
1	08079/1954	전일영(Con Il Jong) 방문.
1	08080/1954	최용건(Coj Jen Gen) 민족보위성 부상(副相) 방문.
1	08081/1954	화학 및 건자재산업상(建資材産業相) 방문.
1	08102,1/1954	신임장 제정.
1	09449/1954	께레쓰떼쉬(Keresztes) 동지의 소개 인사 차 방문들.
1	09451/1954	쓰즈다예프(Szuzdaljev) 소련 대사 동지에게 써르버쉬(Szarvas) 동지가 소개 인사 차 방문.
1	09482/1954	김일성(Kim Ir Szen) 동지 방문.
1	143/25-1/1955	휴가 계획.
1	2166/1954	대사관의 상황.
1	1/25/8/1957	신임장 제정 시 사진들.
1	1/25/32-1/1961	신임장 제정 시, 꼬바치 요제프(Kovács József) 신임 평양 대사의 연설.
1	1/25/44-1/1961	소개 인사 차 보건상(相) 방문.
1	1/25/45-1/1961	소개 인사 차 철도상(相) 방문.
1	1/25/46-1/1961	유찬식(Ju Csan Szik) 부수상 방문.
1	1/25/47-1/1961	소개 인사 차 조선의 지도자 동지들 방문.
1	024395/1950	재(在) 조선 헝가리 대사관의 식자재 공급과 필요한 가구 구입.
1	026792/1950	평양 대사관 건물로 떨어진 포탄 파편에 대한 보고.
1	02102/1952 02102/1/1952 02102/2/1952 02102/3/1952	수송 트럭에 관하여.

1	08073/1952	대사관의 이동과 내부 상황.
1	09952/1-3/1953	대사관 건물 설계 도면 및 이와 관련한 빼쁘 (Papp) 동지의 의견 보고.
1	01428/1954 01428/1/1954	평양 대사관에 무선망(無線網) 설치.
1	08085/1954	폴란드 대사관 방문.
1	08100/1954	대사관의 업무 및 주택관계.
1	Sz.n.é.n.	공개 전문들(대사관 건물과 관련된 회의록).
1	Sz.n./1963	평양의 헝가리 대사관 건축과 관련된 문제 해결을 위한 도움 요청.
1	026793/1950 024643/1950 0520/25/7-2/1950	납입금(Tervkölcsön) 관련 세부 내용-납입금 (tervkölcsön)은 이전 사회주의 시절 월급에서 공제되어 채권(債券)이나 복권(福券)으로 사용되었음.
1	14/25-4/1961	평양의 헝가리 대사관에 공관 비용 송금.
1	Sz.n./1950-1964 Sz.n./1950 Sz.n./1952-3 Sz.n./1954 Sz.n./1955 Sz.n./1956 Sz.n./1957 Sz.n./1958 Sz.n./1959 Sz.n./1960 Sz.n./1961 Sz.n./1962 Sz.n./1963 Sz.n./1964	의전국(儀典局) 기록물(대부분의 문서들은 단순한 의전 기록물들이 아님. 상당한 분량의 자료들이며, 특히 행사 등과 관련된 문서가 많이 포함되어 있으므로 자세한 확인이 필요함).
2	Ikt.sz.: 1950-1964	개인, 단체 및 기타 의전 서류들. 과거 주(駐) 헝가리 조선 대사관에서 근무했던

2		인원들의 신상 자료 등을 포함하여 상당한 양의 개인자료들과 의전 관련 자료들.
2	01253/1950	조선 공사의 소개 인사 차 방문 연설.
2	01836/1950	권오직(Kvon O Dik) 조선 공사(公使)의 신상 자료들.
2	01324/1950	권오직(Kvon O Dik) 조선 공사의 아그레망 요청.
2	04917/1950	권오직(Kvon O Dik) 조선 공사에게 신임장 제정.
2	022854/1950	조선 공사의 도착.
2	08721/1951	부다페스트의 조선 공사관과 관련된 일.
2	02143/1952	한진삼(Han Zin Sam) 조선 공사 임명에 대한 아그레망 요청.
2	010124,1/1953	안영(An Jen) 조선 공사의 아그레망 요청.
2	02118,1/1954	안영(An Jen) 특임대리공사의 아그레망 요청.
2	06560,1/1954	부다페스트 주재 조선 대사관 요구 수용을 위한 추가 차관(借款) 요청.
2	02129/1/1954	조선 대사관에 대한 지원.
2	Ikt.sz.n./1958	류승이(Lju Szen I) 상무(商務) 참사(參事)의 도착.
2	Ikt.sz.n./1958	홍동철(Hon Don Cser) 조선 대사의 도착.
2	Ikt.sz.n./1959	리동건(Li Don Gen) 조선 대사 동지의 방문.
2	Ikt.sz.n./1960	리동건(Li Don Gen) 조선 대사 동지의 방문.
2	Ikt.sz.n./1960	조선의 대사, 리동건(Li Don Gen) 동지의 이력 자료들.
2	013/H/7-1/1952	한효삼(Han Hjo Szam) 조선 공사의 신임장 제정.
2	013/25/17-1	안영(An Jen) 조선 특임공사의 도착.
2	013/25/5-1/1954	안영(An Jen) 대사의 신임장 제정 일시에 대한 안내.

2	1/25/38-1/1962	송창렴(Szon Csan Rjom) 신임 조선 대사의 신임장 제정.
2	1/25/15-1/1963	조선 대사가 발송한 4월 4일(헝가리의 해방절) 축일 축하 서신에 대한 삐떼르(Péter) 동지의 회신.
2	1/25-31/1959	도비(Dobi) 동지의 회신.
2	Sz.n./1955	헝가리 대리대사에 대한 문재수(Mun Cse Szu) 참사의 저녁 만찬.
2	Sz.n./1958	홍동철(Hon Don Cser) 동지의 방문.
2	Sz.n./1958	조선의 국경일을 맞이하여 조선 대사의 만찬.
2	0289/1951	부다페스트의 조선 공사관과 관련된 일들.
2	03939/1951	부다페스트의 조선 공사관과 관련된 일들.
2	030997/1951	부다페스트 주재(駐在) 조선 공사관에 계약서 발송.
2	032380/1951	부다페스트 주재 조선 공사관에 건넨 헝가리 측의 계약서 내용 발송 확인.
2	031365/1951	부다페스트 주재 조선 공사관에 발송한 계약서 발송 확인.
2	0596/1952 0596/1/1952	관계 설립.
2	05340/1952	법무과의 업무 범위.
2	010122/1952	써보 라슬로(Szabó László)의 서신.
2	01225/1954 01225/1/1954	부다페스트 공사관과의 관계.
2	02191,1/1953	부다페스트 주재 조선 공사관과의 관계.
2	010901/1/1952	조선 공사관과의 관계.
2	05121,1-4/1954	중앙위원회의 교육 관련 결정문.

2	Ikt.sz.n./1954	권균욱(Kvon Gyun Uk) 동지의 전화 요청.
2	Ikt.sz.n./1954	권욱(Kvon Uk) 동지의 방문.
2	Ikt.sz.n./1954	조선 공사관의 주택 요청.
2	Ikt.sz.n./1954	조선 대사관의 요청.
2	Ikt.sz.n./1954	조선의 대사관 보고.
2	Ikt.sz.n./1954	허민 비서의 전화 메시지(박물관 큐레이터 관련).
2	Ikt.sz.n./1954	권(Kvon) 조선 비서의 방문.
2	Ikt.sz.n./1954	리철자(Li Cser Gya) 동지의 전화 메시지.
2	Ikt.sz.n./1954	리철자(Li Cser Gya) 동지의 방문.
2	Ikt.sz.n./1954	조선 참사의 소개 인사 차 방문.
2	Ikt.sz.n./1954	허민(Ho Min) 비서의 방문.
2	Ikt.sz.n./1954	문재수(Mun Cser Szu) 조선 참사의 방문.
2	Ikt.sz.n./1954	조선 대사관의 요청.
2	Ikt.sz.n./1954	리철자(Li Cser Gya) 동지의 방문.
2	Ikt.sz.n./1954	조선 대사관 직원들의 이임 방문.
2	Ikt.sz.n./1954	리철자(Li Cser Gya) 조선 비서의 방문.
2	Ikt.sz.n./1954	조선 공사의 방문.
2	Ikt.sz.n./1954	리철자(Li Cser Gya) 조선 비서의 방문.
2	Ikt.sz.n./1954	리철자(Li Cser Gya) 조선 비서의 방문.
2	Ikt.sz.n./1954	권(Kvon) 비서의 방문.
2	Ikt.sz.n./1954	리(Li) 조선 비서의 방문.
2	Ikt.sz.n./1954	권균욱(Kvon Gyun Uk) 동지의 방문.
2	Ikt.sz.n./1954	조선 대사의 방문.
2	Ikt.sz.n./1954	허민(Ho Min) 비서의 방문.
2	Ikt.sz.n./1954	리철자(Li Cser Gya) 동지의 방문.
2	Ikt.sz.n./1954	노루 거리(노루 街, Ōzike utca)의 건물 소개 (紹介).
2	Ikt.sz.n./1954	안영(An Jen) 조선 대사의 방문.
2	Ikt.sz.n./1954	안영(An Jen) 조선 대사의 방문.

2	Ikt.sz.n./1954	리(Li) 조선 비서의 방문.
2	Ikt.sz.n./1954	리철자(Li Cser Gya) 동지의 방문.
2	Ikt.sz.n./1954	리(Li) 조선 비서의 방문.
2	Ikt.sz.n./1954	리철자(Li Cser Gya) 조선 대사관 2등 서기관의 방문.
2	Ikt.sz.n./1954	허민(Ho Min) 비서의 방문.
2	Ikt.sz.n./1954	문재수(Mun Cse Szu) 조선 참사의 방문.
2	Ikt.sz.n./1954	리(Li) 조선 비서의 방문.
2	Ikt.sz.n./1954	문재수(Mun Cse Szu) 조선 참사의 방문.
2	Ikt.sz.n./1954	리철자(Li Cser Gya) 조선 비서에게 훈장.
2	Ikt.sz.n./1954	문재수(Mun Cse Szu) 대사관 참사의 방문.
2	Ikt.sz.n./1954	리철자(Li Cser Gya) 비서의 이임 방문.
2	Ikt.sz.n./1954	안영(An Jen) 조선 대사의 방문.
2	Ikt.sz.n./1954	문재수(Mun Cse Szu) 조선 참사의 방문.
2	Ikt.sz.n./1955	문(Mun) 조선 대리대사의 방문.
2	Ikt.sz.n./1955	조선의 3등 서기관 김(Kim)의 방문.
2	Ikt.sz.n./1955	조선의 비서 김(Kim)의 방문.
2	Ikt.sz.n./1955	조선의 비서 김(Kim)의 방문.
2	Ikt.sz.n./1955	문(Mun) 조선 참사의 방문.
2	Ikt.sz.n./1955	김(Kim) 비서의 방문.
2	Ikt.sz.n./1955	김(Kim) 비서의 방문.
2	Ikt.sz.n./1955	김(Kim) 비서의 방문.
2	Ikt.sz.n./1955	조선의 3등 서기관 김(Kim)의 방문.
2	Ikt.sz.n./1955	조선의 3등 서기관 김(Kim)의 방문.
2	Ikt.sz.n./1955	문재수(Mun Cse Szu) 동지, 박(Pak) 동지, 김(Kim) 동지의 방문.
2	Ikt.sz.n./1955	조선 대사관 관원들의 방문.
2	Ikt.sz.n./1955	문재수(Mun Cse Szu)와 김경완(Kim Gyon Van)의 방문.
2	Ikt.sz.n./1955	김(Kim) 조선 비서의 방문.

2	Ikt.sz.n./1955	쇼쉬또헤지 협동농장(Sóstóhegyi termelőszövetkezet) 방문.
2	Ikt.sz.n./1955	김(Kim) 조선 비서의 방문.
2	Ikt.sz.n./1955	문(Mun) 조선 참사의 방문.
2	Ikt.sz.n./1956	리완건(Li Van Gon) 조선 참사의 방문.
2	Ikt.sz.n./1956	리(Li) 조선 참사의 방문.
2	Ikt.sz.n./1956	조선 참사의 방문.
2	Ikt.sz.n./1956	안영(An Jen) 조선 대사의 방문.
2	Ikt.sz.n./1956	안영(An Jen) 조선 대사의 방문.
2	Ikt.sz.n./1956	리(Li) 조선 참사의 방문.
2	Ikt.sz.n./1957	리경완(Li Gyon Van) 조선 대사관의 참사 방문.
2	Ikt.sz.n./1957	리경완(Li Gyon Van) 조선 대사관의 참사 방문.
2	Ikt.sz.n./1957	홍동철(Hon Don Cser) 조선 대사의 방문.
2	Ikt.sz.n./1957	리경완(Li Gyon Van) 조선 대사관의 참사 방문.
2	Ikt.sz.n./1957	권명신(Kvon Men Szin) 조선 대사관 주재관 (attaché)의 방문.
2	Ikt.sz.n./1957	홍동철(Hon Don Cser) 조선 대사의 방문.
2	Ikt.sz.n./1957	홍동철(Hon Don Cser) 조선 대사의 방문에 관한 보고.
2	Ikt.sz.n./1957	조선 대사의 방문.
2	Ikt.sz.n./1958	홍동철(Hon Don Cser) 동지의 방문.
2	Ikt.sz.n./1958	홍동철(Hon Don Cser) 동지의 방문.
2	Ikt.sz.n./1958	홍동철(Hon Don Cser) 동지의 방문.
2	Ikt.sz.n./1958	홍동철(Hon Don Cser) 동지의 방문.
2	Ikt.sz.n./1958	리경완(Li Gyon Van) 참사의 방문.
2	Ikt.sz.n./1958	리경완(Li Gyon Van) 참사의 방문.
2	Ikt.sz.n./1958	권(Kvon) 동지의 방문.
2	Ikt.sz.n./1958	홍동철(Hon Don Cser) 동지의 방문.
2	Ikt.sz.n./1958	권명신(Kvon Men Szin) 조선 대사관의 참사 방문.

2	Ikt.sz.n./1958	권명신(Kvon Men Szin) 조선 대사관 주재관(attaché)의 방문.
2	Ikt.sz.n./1958	조선 대사관에서 만찬.
2	Ikt.sz.n./1958	홍동철(Hon Don Cser) 조선 대사의 저녁 만찬.
2	Ikt.sz.n./1958	조선 대사관 주재관(attaché)의 방문.
2	Ikt.sz.n./1958	조선 대사관 주재관(attaché)의 방문.
2	Ikt.sz.n./1958	백일권(Pek Ir Kon) 조선 대사관의 3등 서기관 방문.
2	Ikt.sz.n./1958	권명신(Kvon Men Szin) 조선 대사관 주재관(attaché)의 방문.
2	Ikt.sz.n./1958	5.1절(노동절)에 홍동철(Hon Don Cser) 조선 대사의 의류공장 방문.
2	Ikt.sz.n./1958	권명신(Kvon Men Szin) 조선 주재관(attaché)의 방문.
2	Ikt.sz.n./1958	리경완(Li Gyon Van) 조선 대사관 참사의 방문.
2	Ikt.sz.n./1958	권명신(Kvon Men Szin) 조선 대사관 주재관(attaché)의 방문.
2	Ikt.sz.n./1960	조선의 국경일을 맞아 만찬 행사.
2	Ikt.sz.n./1960	조선의 3등 서기관 방문.
2	Ikt.sz.n./1960	박태원(Pak Ten Von) 조선 대사관의 3등 서기관 방문.
2	Ikt.sz.n./1960	리동건(Li Don Gen) 조선 대사의 방문.
2	Ikt.sz.n./1960	박태원(Pak Ten Von) 조선 3등 서기관의 방문.
2	Ikt.sz.n./1960	박태원(Pak Ten Von) 조선 3등 서기관의 방문.
2	Ikt.sz.n./1960	부다페스트 조선 대사관의 요청.
2	Ikt.sz.n./1960	박태원(Pak Ten Von) 조선 대사관 3등 서기관의 방문.
2	Ikt.sz.n./1960	헝가리에서 개최되는 조선의 국경일 행사의 문제점들.
2	Ikt.sz.n./1960	8월 15일, 조선의 해방 기념일 행사들.

2	Ikt.sz.n./1960	조선 대리대사의 요청.
2	Ikt.sz.n./1960	조선 대리대사의 방문.
2	Ikt.sz.n./1960	박태원(Pak Ten Von) 조선 대리대사의 방문.
2	023287/1950	조선의 부다페스트 공사관에 대한 건물 요청.
2	023315/1950	조선 공사관의 건물.
2	025/25/4-14/1955	공사관의 기록. 김일성 학교와 박정애 학교의 병합(헝가리에서 운영되었던, "학교"였지만, 본래 이름은 "김일성 학원", "박정애 학원"이었음).
2	2/25/41-1/1960	부다페스트 조선 대사관에 대한 지원.
2	2/25/31-1/1960	부다페스트 조선 대사관에 대한 지원(통신망 지원).
2	2/25/5-1/1961	써르꺼(Szarka) 부상(副相)에 대한 조선 대사의 감사 서신.
2	1/25/21-1/1963	방룡갑(Bang Jong Gab) 조선 주재관(attaché)의 문화관계연구소(KKI) 방문.
2	1/25/8-1/1964 1/25/8-2/1964 1/25/8-3/1964	방룡갑(Bang Jong Gab) 조선 주재관(attaché)의 문화관계연구소(KKI) 방문.
2	1/25/12-1/1964	1964년도 문화 관련 업무계획 협의.
2	1/25/12-2/1964	방룡갑(Bang Jong Gab) 조선 주재관(attaché)의 문화관계연구소(KKI) 방문.
2	1/25/20-1/1964	안민수(An Min Szu) 조선 대사관 3등 서기관의 문화관계연구소(KKI) 방문.
3	0727/X/10-1/1951	전문(電文)과 답신(答信)들.
	0727/X/20-1/1951	전문(電文)과 답신(答信)들.
	109/25/1-1/1952	박동초 외무성 부상(副相)의 전사 관련. (박헌영 서명의 원본 서명 있음)
3	Ikt.sz.elh.n./58-62	전문(電文)과 답신(答信)들.

3	028/25/8-1/1954	
3	1/25/15/1957	
3	1/25/18/1957	
3	1/25/4,7,15,17,18/1958	
3	1/25/21,22,51/1958	
3	1/25/1-5,9,10,11,12/ 1959	
3	1/25/21,22,27,29,30/ 1959	1954년부터 1963년까지 조선과 헝가리 양국 간(間) 축하 인사, 조문, 신년 인사로 전하는 전문(電文)과 답신(答信)들.
3	1/25/1-1,16-1,31-1,2/ 1960	
3	1/25/32-1,2,44-1/1960	
3	1/25/30-1/1962	
3	1/25/22-1,28-1,29-1, 30-1/1963	
3	1/25/31-1,32-1,33-1/ 1963	
3	1/25/20-1,2/21-1/1963/ 64	
3	1/25/45-1/1962	
3	1/25/10-1/1964	
3	1/X/146-10/1964	조선의 지도자들에게 전하는 전문(電文)과 헝 가리의 지도자들에게 받은 회신들.
3	727/1/12-1/1951	
3	1/X-12/1958	
3	1/X-12/1958	
3	Sz.n./1958	조선의 지도자에게 전하는 축하 전문.
3	Sz.n./1958	헝가리-조선의 외교 관계 10주년 기념.
3	Sz.n./1960	조선 해방 15주년(8월 15일)을 맞아 헝가리에 서의 축하행사.
3	Sz.n./1960	홍동철(Hon Don Cser) 헝가리의 조선 특임 대사.

3	Sz.n./1960	조선 수상의 제60회 생일.
3		1961년-1964년의 전문(電文)들.
3	Ikt.sz.n/1958	축전들.
3	Ikt.sz.n/1958	헝가리-조선의 외교 관계 주요 일자(日字)들.
3	Ikt.sz.n/1958	헝가리-조선의 외교 관계 10주년.
3	Ikt.sz.n/1959	5월 13일의 당 회의에 대한 기록.
3		5월 8일, 당정(黨政)회의에 관한 기록.
3	Ikt.sz.n/1960	조선 해방 15주년을 맞이하여 헝가리 내에서 기념행사에 대한 제안.
3		조선 전쟁 발발 8주년을 맞이하여 조선 대사의 성명.
3	Ikt.sz.n/1960	조선 수상의 제 60회 생일.
3	Ikt.sz.n/1960	너지까떠(Nagykáta, 헝가리의 지명)에서 "헝가리-조선 협동농장(Magyar-Koreai Barátság TSZ)" 창립 기념행사.
3	0706/1948	조선 인정(認定).
3	3448/1948	조선 인정(認定)과 조선과의 외교 및 경제 관계 수립.
3	019062/1950	헝가리 해방 5주년 기념행사에 예방하는 조선 정부 사절단.
3	08351/1951	울란바토르를 방문하는 사절단 관련 업무 처리.
3	Ikt.sz.n./1956	김일성(Kim Ir Szen) 동지 및 헝가리 방문 조선 사절단에게 인사.
3	Ikt.sz.n./1956	헝가리인민공화국과 조선민주주의인민공화국 정부의 공동 성명.
3	1/25/4-1/1964	헝가리-조선의 외교 관계 15주년.
3	1/25/29-1/1964	양국 간(間) 외교관계 수립 16주년을 맞아 삐떼르(Péter) 동지에게 전하는 송창렴(Szon Csan Rjom) 조선 대사의 서신.
3	Sz.n./1960	1960년의 헝가리-조선 관계 형성.

3	159-8/1964	조선 민속 공연단의 특별공연에 정부 측 인사 관람(정부의 구두 공지).
3	Sz.n./1960	기록: 조선 대사관 주재관(attaché)의 방문.
3	Sz.n./1956	조선 대사관의 서기관 방문과 관련한 기록.
3	Sz.n./1955	문재수(Mun Cse Szu) 조선 참사 동지의 방문 기록.
3	1/25/24-1/1964	안내문 발송.
3	2/25/4-1/1964	조선 학술원 파견단에 관하여.
3	5088/1949	조선 자료의 보고.
3	042157/1949	조선 자료의 요청.
3	13603/1949	조선에서 공사와 공사관의 임무.
3	1722/1949	조선 자료의 요청.
3	022515/1950	조선 외무성의 형성.
3	01311/1950	조선 외무성의 형성.
3	010900/1952 010900/1/1952	조선 외무성의 형성.
3	01967/1952 01967/1/1952	업무일지.
3	Ikt.sz.n./1955	연차(年次) 보고서 요약. (책자 포함하여 100쪽 이상 분량)
3	6/25/2/1958	당년(當年) 4/4분기 업무일지 보고.
3	Sz.n./1957	조선민주주의인민공화국의 최고 국가권력 조직.
3	001-114-2/1959	조선민주주의인민공화국 국가연구.
3	Sz.n./1964	조선 외무성의 조직 체계와 대외 선전 체계 등.
3	Sz.n./1958	조선의 대내외 사건들에 관한 공개 전문들.
3	1/25/1-6/1963	1963년 상반기 업무일지.
3	3/25/1-1/1964	서류로 된 자료 요청.
3	1/25/3-2/1964	언론-업무일지.
3	1/25/3-3/1964	2월의 언론 업무일지 보고.
3	1/25/3-5/1964	언론-업무일지.

3	1/25/3-6/1964	조선의 언론-업무일지 보고.
3	1/25/19-1/1964	조선 외무성 조직 체계, 외국을 대상으로 한 선전 지침.
3	1/25/28-1/1964	조선에서의 업무일지 보고(64년 6월-11월).
3	1/25/28-2/1964	언론-업무일지 보고.
3	1/25/31-1/1964	1965년 조선의 연중 기념일 보고.
4	660/26/11-1/1950	안전보장이사회에 전하는 조선 외무성의 전문.
4	680/25/9-1/1951 680/25/9-2/1951	유엔과 안전보장이사회에 미 제국주의자들의 새로운 무자비한 책동에 반대하고 천연두 세균 투하에 대한 조선 외무상 박헌영(Pak Hen En)의 항의.
4	010826/1952 010826/1/1952 010826/2/1952	유엔 제7차 회의에 대한 조선의 반응.
4	09427/1-ig/1954	"평화적인 통일을 위한 조선의 노력들"을 보충하는 첨부 자료.
4	953/1956	남한의 UN 가입 요청.
4	1/37/1957	조선 외무상의 전문(電文).
4	1/323/1957	UN에 전하는 조선 외무상의 전문(電文).
4	006094/Szt./1961	남한의 사절단들.
4	Sz.n./1962	세계의 전(全) 의회에 전하는 조선민주주의인민공화국 최고인민회의의 서신.
4	20/Ensz/323-1/1962	조선 관련 문서 자료들.
4	Sz.n./1964	조선을 방문한 주요 해외 사절단 목록.
4	0660/26/18-1/1950	목록 보고.
4	1/25-14/1959	조선 최고인민회의 의장, 최연규(Coj-Jen-Gui) 동지의 헝가리 방문에 관한 발표.
4	1/25/32-1/1964	조선에서 친선 국가들의 자국 기념일 행사 축하.
4	06715/1951	바르샤바에 조선 대사관 설립.

4	06615/1951	프라하의 조선 공사관 설립에 관한 정보 요청.
4	03975/1951	바르샤바와 프라하의 조선 공사관 설립에 관한 정보.
4	Sz.n./1951	조선에서 베트남 사절단.
4	05740/1952 05740/1/1952	4월 4일(헝가리의 해방절) 축하행사와 관련한 조선의 정부 파견단.
4	08074/1952	4월 4일(헝가리의 해방절) 축하행사와 관련한 조선의 정부 파견단.
4	04627/1952	조선과 중국의 관계.
4	011222/1953	조선 정부사절단의 방문.
4	Sz.n./1958	조선과 중국 인민공화국 정부의 공동 성명 공개 전문(電文).
4	Sz.n./1953	베이징에서 조선 정부사절단.
4	Sz.n./1962	소련과 조선의 갈등(서울 발, "경향신문" 기사).
4	Sz.n./1962	중공의 조선 정책(남한 발, "사상계" 기사).
4	016334/1951	정치 상황 보고.
4	02075/1952 02075/1/1952	조선문제를 다루는 상황 보고.
4	016335/1951	조선의 내부적인 문제를 담은 상황보고.
4	012732/1951	정치 및 경제 상황 보고.
4	02077/1952	정치 상황 보고.
4	08295/1952 08295/1/1952	조선 지원 운동(Koreai Megsegítési Akció)에서 활동 중인 2등 서기관 막스 니리에스(Max Niries) 동지와 나눈 대화.
4	04649/1953	재무상(相)과 중공업상(相) 임명에 관하여.
4	013803/1952	재무상(相)과 중공업상(相) 임명에 관하여.
4	07097/1953 07097/1/1953	평양 재건 계획.
4	07108/2-ig/titk./1953	행정 조직 재정비 과업.
4	09452/1953	평양의 도시 행정적인 문제들.

4	011218/1-ig/1953	동한(冬寒) 준비 과업.
4	011220/2-ig/1953	재건과 관련된 일련의 성과들.
4	Sz.n./1953	조선 교육성의 안내 공보(公報).
4	Sz.n./1954	1954년 1월의 정치국 보고 기록에 관한 복사본. 휴전 서명 이후 조선 내정(內政) 상황.
4	Sz.n./1954	통일민주애국전선의 프로그램.
4	01205/1954	조선 내각의 200호 훈령.
4	08094/1954	3년 재건 계획의 주요 목표 제시.
4	08095/1954	평양 재건 계획.
4	09430/1954	주택 관계에 관한 보고.
4	09433/1954	5월부터 8월까지 정부 훈령 목록.
4	010976/1954	조선 최고인민회의 제8차 총회의 간략한 요약.
4	Ikt.sz.n./1957	조선의 지도급 간부 명단. 내각 명단 등 주요 인물 자료(1953년의 자료부터 있음).
4	Ikt.sz.n./1954	조선을 방문한 기술 사절단 지도자인 바이(Vályi) 동지와 나눈 대화.
4	Ikt.sz.n./1957	조선의 훈장, 국가, 문장, 국기.
4	Ikt.sz.n./1960	남한의 상황.
4	0131/25-2/1955	최고인민회의 제10차 총회.
4	1/25-2/1957	조선에서 인민 위원회 선거.
4	1/25-25/1958	조선에서 임금(賃金) 산정.
4	1/25/17/1959	조선 정부에서 변화들.
4	4/25-25/1959	로너이(Rónai) 동지에게 보내는 서신.
4	1/25/17-1/1962	중앙위원회와 내각이 김일성(Kim Ir Szen) 동지에게 전하는 축전 보고.
4	1/25/6-1/1964	조선에서 지방 인민 위원회 선거.
4	1/25/18-1/1964	조선의 정당과 국가 지도자 명단.
4	Ikt.sz.n./1962	남한의 외교적 관계들.

4	Ikt.sz.n./1964	조선의 정당과 국가 지도자 명단.
4	1/25/11-1/1964	남한의 의전 명단 보고(남한 내각 구성원들의 명단과 주요 인사들의 이력 자료).
4	09426/1954	민족의 통일 완수를 위한 "애국전선"의 과업-보충 첨부 자료.
4	013243/1953	조선에서 종교 문제.
4	02182/1953	일부 범죄 인사들의 석방.
4	04629/1953 04629/1/1953 04629/2/1953 04629/3/1953 04629/4/1953	간첩과 반동분자들을 대상으로 한 투쟁.
4	09461/1953	조선 최고인민회의의 사면 훈령.
4	1/25/4-1/1963	조선에서 사회보장.
4	07954/1951	조선에서 정치적 사건: 1951년 2월 8일, 조선 인민군 창설 3주년.
4	016330/1951	8월 15일. 조선 해방 6주년.
4	09833/1952	한국전쟁 발발 2주년.
4	02224/1953	레닌(Lenin) 동지 서거 기념일에 치른 행사.
4	04641/1953	조선인민군 창설 5주년.
4	09949/1953	조선 해방 8주년.
4	09457/1953	휴전 서명 이후 치러진 행진.
4	09477/1954	8월 15일에 진행된 군대 열병식과 행군.
4	861/25/13-1/1952	조선에서 주요한 일자(日字)들.
4	025/25/3-37/1955	의전 부(副)책임자 김명회(Kim Mjang Heo) 방문.
4	025/25/3-46/1955	8월 15일 축하행사와 관련하여 외교 공관 지도자들의 회의.
4	025/25/3-61/1955	8월 15일의 축하행사.
4	025/25/3-63/1955	남일(Nam Ir) 외무상, 김일성(Kim Ir Szen) 내각 의장, 김두봉(Kim Du Bon) 조선 최고인민회의 의장 예방.

4	025/25/3-64/1955	헝가리 대사관에서 대사관들의 의전 담당자들 회의.
4	025/25/3-65/1955	의전 책임자 최연명(Coj Jen Men) 동지의 헝가리 대사관 방문.
4	1/25/8-1/1960	조선에서 8월 15일의 축하행사.
4	030202/1950	전선(戰線)에서 조선 민족보위성 부상(副相) 및 인민군 참모장 감건(Kam Gen)의 영웅적 죽음.
4	0131/52-4/1953	조선인민군에서 새로운 군 계급 호칭.
4	0131/25-24/1956	조선의 정부 성명 보고.
4	Sz.n./1953	써보 이슈뜨반(Szabó István) 중장 동지에게 전하는 서신.
4	01075/1951	임지(任地)의 외무성과 외교 공관의 관계.
4	Ikt.sz.n./1951	로동당 중앙위원회 위원인 허헌(He Hen) 동지의 비극적 죽음.
4	013952/1952	외무성의 유럽국(局) 지도자들과 나눈 대화.
4	02175/1953	외무성의 유럽국(局) 국장(局長) 방문.
4	04642/1953	구택수(Ku Tyek Szu) 외무성 유럽국 국장 동지와 리일섭(Li Ir Szeb) 외무성 의전과 부국장 동지가 헝가리 대사관 방문.
4	07913/1953	헝가리노동자당 조직 규정 입수.
4	011221/1953	남일(Nam Ir) 외무상 연설 보고.
4	01230/1954	개인적인 관계 형성.
4	011359/1953	개인적인 관계 형성.
4	05267/1954 05267/1/1954 05267/2/1954 05267/3/1954 05267/4/1954	(자료) 목록 사본 보고.
4	08071/1954	남일(Nam Ir) 외무상을 방문.
4	08101/1954	리동건(Li Don Gen) 외무성 부상(副相)을 방문.

4	09434/1954	비데르(Widder)와 박(Pak) 동지의 8월 4일 대화.
4	09459/1954	추꺼(Csuka) 동지의 외무성 방문.
4	09473/1954	께레쓰떼쉬(Keresztes) 동지의 소개 인사 차 외무성 유럽국(局) 국장(局長) 방문.
4	09476/1954	저녁 만찬에 써러버쉬 빨(Szarvas Pál) 대사를 기석보(Ki Szok Po) 동지가 초대.
4	010928/1954	써러버쉬 빨(Szarvas Pál) 동지가 기석보(Ki Szok Po) 외무성 부상(副相)을 방문.
4	010929/1954	써르버쉬(Szarvas) 동지가 유럽국 국장, 최(Coj) 동지를 방문.
4	010940/1954	외무성 의전국(儀典局) 방문 보고.
4	010941/1954	외무성 제3국과 외무성 외교관 보급국(補給局)을 방문.
4	010975/1954	외무성 제3국을 방문(안악3호분 관련 내용도 있음).
4	025/25/3-55/1955	최명(Coj Men) 의전국(儀典局) 국장(局長)을 방문.
4	0131/25-29/1955	외무성 제4국을 방문.
4	0131/25-30,31,32/1955	외무성 제4국을 방문.
4	025/25/3-8/1956	헝가리의 유엔 가입에 대한 외무성의 축하.
4	0131/25-8/1956	최천화(Cso Cson Hva)와 두 명의 기자 초청.
4	0131/25-11/1956	외무성 제4국을 방문.
4	1/25-6/1957	외무성에 구두(口頭)로 전한 기록 사본.
4	1/25-9/1958	외무성 헝가리 담당자 김인연(Kim In Jon)과 나눈 대화.
4	1/25-11/1958	조선에서 외교관원, 공관 건물, 공관 소유물의 안전 보험에 있어서 수정 사항.
4	1/25/4-1/1960	(자료) 목록 보고.
4	1/25/11-1, 2/1960	자료 사본 보고.
4	2/25/17-1/1960	자료 사본 보고.

4	1/25/42-1/1960	자료 사본 보고.
4	1/25/1-1/1961	조선 지역에서 외국인 거주 및 여행 관련 규정.
4	1/25/14-1/1962	조선 애국인민전선의 2월 15일 성명.
4	1/25/20-1/1962	외무성과 소련 대사관에서 의전 회의.
4	1/25/37-1/1962	유엔에서 "조선문제(Koreai kérdés)" 토의와 관련한 조선 정부의 외교 각서.
4	1/25/5-1/1964	조선 외무성으로부터 안내문 요청.
4	1/25/15-1/1964	외무성과 대사관들의 관계에 대한 업무에 있어서 변화들.
4	5/25/4-1/1960	조선에서 유효한 의전 규범들, 관례들, 그리고 형성되어 있는 의전적인 실제.
5	023266/1950	조선 대사를 소개 인사 차 방문.
5	5/25/2-1/1961	대사관에서 의전 담당자들의 회의.
5	022517/1950	헝가리에 임명된 권오직(Kvon O Dik) 조선 대사 축하 만찬에 대한 보고.
5	026800/1950	중국 대사의 평양 도착.
5	026798/1950	중국 대사의 소개 인사 차 방문.
5	024436/1950	중국 대사관 관원들의 평양 도착과 대리대사가 소개 인사 차 헝가리 공사관을 방문.
5	01072/1951	외교단체 회원 명단 수정.
5	01081/1951	소련 대사 스티코프 체렌체프 파미치(Stikov Tyerentyev Famics)의 조선에서 이임과 관련하여 외무성에서 주관한 이임 만찬.
5	Ikt.sz.n./1951	소개 인사 차 로동당 비서(허가이, Hi Ga I)를 방문.
5	Ikt.sz.n./1951	북경에서 소개 인사 차 불가리아 공사를 방문.
5	Ikt.sz.n./1951	8월 20일(헝가리의 당시 제헌절)의 축하행사.
5	Ikt.sz.n./1951	소련 대사와 대화.
5	Ikt.sz.n./1951	소개 인사 차 무역상(貿易相)을 방문.
5	Ikt.sz.n./1951	소개 인사 차 보건상(保健相)을 방문.

5	Ikt.sz.n./1951	소개 인사 차 재무상(財務相)을 방문.
5	Ikt.sz.n./1951	소개 인사 차 문화선전상(文化宣傳相)을 방문.
5	01881,1/1952	4월 4일(헝가리의 해방절)의 축하행사.
5	016329/1951	8월 20일(헝가리의 당시 제헌절)의 행사.
5	08443/1951	8월 20일(헝가리의 당시 제헌절)의 행사.
5	03081,1/1952	조선 주재 외국 공사관과의 관계에 대한 보고 요청.
5	05363,1/1952	권오직(Kvon O Dik) 동지의 방문.
5	08086/1952	몽고 대사의 방문과 몽고 대사의 답방.
5	09791/1952	디미트로프(Dimitrov) 축하행사.
5	012193/1952	김명호(Kim Men Ho) 조선 주재관(attaché)의 바르샤바 전근(轉勤).
5	013212/1952	중국인민지원군의 조선 참전 2주년 기념행사.
5	013960/1952	중국인민지원군의 조선 참전 2주년 기념식.
5	0290,1-2/1953	4월 4일(헝가리의 해방절)과 3월 15일(헝가리의 시민혁명일) 축하행사.
5	02176/1953	소개 인사 차 루마니아 대사를 방문.
5	02177/1953	루마니아와 체코슬로바키아 대리공사의 헝가리 공사관 방문.
5	02178/1953	체코슬로바키아 대리공사의 헝가리 병원 방문.
5	02179/1953	소개 인사 차 루마니아 공사를 방문 및 루마니아 공사의 답방.
5	02180/1953	루마니아 대사관에서 만찬.
5	03183/1/1953	권오직(Kvon O Dik) 동지와의 관계.
5	04626/1953	칸에토(Kan E-Tho) 중국 대리대사의 헝가리 공사관 방문.
5	04640/1-8/1953	조선인민군 창설 5주년을 맞아 치른 기념행사 (5번째 장 결여).
5	05013,1/1953	라꼬치(Rákóczi) 기념행사(1703년에 있은 반(反) 합스부르크(Habsburg) 라꼬치 해방전쟁(Rákóczi-szabadságharc)을 기념하는 행사).

5	05362,1/1953	리병남(Li Ben Nam) 보건상 방문.
5	07104/1953	박병도(Pak Pjon To) 동지와 나눈 대화.
5	08175/1953	평양에서 8월 20일(헝가리의 당시 제헌절) 축하행사.
5	09470/1954	직업동맹 지도자들과 여행.
5	09471/1954	직업동맹 중앙 지도자들이 (헝가리) 대사관을 친선 방문.
5	09472/1954	체코슬로바키아 대사를 방문.
5	09474/1954	수즈다예프(Szuzdaljev) 소련 대사의 답방.
5	09475/1954	중국인민지원군의 총(總) 야전숙소 방문.
5	09483/1954	사리원(Szorivon)을 방문.
5	09484/1954	당(黨)의 날을 맞아 라꼬시 마챠쉬(R. M) 병원 방문.
5	09518/1954	폴란드의 기념행사.
5	010930/1954	조선 외무성에서 주관한 야유회.
5	010931/1954	(조선의) 내각 인민위원회 주무국(主務局)에서의 회의에 관하여(주로 인민위원회의 지역 관련 개편에 관한 내용).
5	010933/1954	중공업성 부상(副相)의 출장에 관한 보고.
5	010937/1954	동독 주최 만찬에 관한 보고.
5	010938/1954	폴란드 인민군 창설 11주년 기념 만찬.
5	010973/1954	중국인민지원군 참전 4주년을 맞은 축하행사.
5	010974/1954	알바니아 공사의 소개 인사 차 방문.
5	09448/1954	(모란봉 지하 극장에서 루마니아 해방 10주년을 맞은) 8월 23일의 루마니아 행사.
5	09453/1954	동독 대사의 답방.
5	09455/1954	루마니아 대사를 방문.
5	09456/1954	8월 14일의 축하 행사(새로 단장한 모란봉 극장에서 연설과 예술 공연).

5	09457/1954	그리고로프(Grigorov) 불가리아 공사의 소개 인사 차 방문.
5	09460/1954	시코라 야로슬라프(Szikora Jaroszlav) 체코슬로바키아 대사의 소개 인사 차 방문.
5	09461/1954	동독 대사의 소개 인사 차 방문.
5	09463/1954	께레쓰떼쉬(Keresztes) 동지가 체코슬로바키아 대사관을 방문.
5	09464/1954	께레쓰떼쉬(Keresztes) 동지가 필라토프(Filatov) 소련 참사를 방문.
5	09465/1954	프론타(Fronta) 체코슬로바키아 대리대사가 써러버쉬(Szarvas) 동지를 방문.
	09466/1954	문재수(Mun Ze Szu) 부다페스트 조선 대사관 참사의 귀빈 방문.
5	09467/1954	께레쓰떼쉬(Keresztes) 동지가 외무성에서 최(Coj) 동지를 방문.
5	09468/1954	동독 대사의 방문.
5	09469/1954	루마니아 대사관 관원들의 헝가리 대사관 친선 방문.
5	01202/1954	필라토프(Filatov) 소련 참사와 나눈 대화에 관한 보고.
5	01203/1954	코마로츠(Komaroc) 소련 주재관(attaché)과 그 부인의 헝가리 공사관 방문.
5	02602/1954/1	4월 4일(헝가리의 해방절) 축하행사.
5	07551/1/1954	국가건설위원회의 위원장과 나눈 대화.
5	08086/1954	체코슬로바키아 대리대사의 방문.
5	08087/1954	루마니아 대리대사의 방문.
5	08088/1954	소개 인사 차 소련 대리대사를 방문.
5	08089/1954	소개 인사 차 폴란드 대리대사를 방문.
5	08090/1954	소개 인사 차 중국 대리대사의 방문.
5	08092/1954	몽고 인민 혁명 33주년을 맞아 개최한 만찬.

5	08093/1954	보건상(保健相) 방문.
5	08097/1954	씰라르드(Szilárd) 동지의 귀국에 앞서 준비한 만찬에 대한 보고.
5	09446/1954	불가리아의 만찬.
5	09447/1954	8월 15일의 정부 축하행사.
5	660/26/27-1/1951	조선의 서신 보고.
5	861/25/7-53/1952	7월 22일의 폴란드 대사 접견.
5	025/25/3-17/1955	몽고 대사의 귀국.
5	025/25/3-41/1955	이바노프(A. I. Ivanov) 소련 대사의 소개 인사 차 방문.
5	025/25/3-50/1955	알바니아 대사의 소개 인사 차 방문.
5	025/25/3-58/1955	8월 15일 행사와 관련한 대사관의 준비.
5	025/25/3-59/1955	베트남 대리대사의 소개 인사 차 방문.
5	0131/25-3/1956	귀국하는 제7/A 보건성(省) (의료단) 환송회.
5	0131/25-9/1956	유브자크(Juvzják) 폴란드 2등 서기관의 방문.
5	0131/25-12/1956	차오 케창(Cao Ke-cjan) 중국 참사의 방문.
5	0131/25-16/1956	라지 보테프(Rágyi Botev) 불가리아 3등 서기관의 방문.
5	1/25/7-1/1957	1956년 11월, 12월 업무일지.
5	1/25/9-1/1957	1957년 1월 업무일지.
5	1/25-10/1957	1957년 2월 업무일지.
5	1/25-14/1957	1957년 3월, 4월 업무일지.
5	1/25-16/1957	인도-조선 문화 협회 의장 만찬.
5	1/25-17/1957	(1957년) 5월, 6월, 7월 업무일지.
5	1/25-19/1957	(1957년) 8월, 9월 업무일지.
5	1/25-5/1958	(1958년) 1월, 2월 업무일지 보고.
5	1/25-8/1958	(1958년) 3월 업무일지 보고.
5	1/25-13,14/1958	(1958년) 3월, 5월, 6월 업무일지.
5	1/25-20,24/1958	(1958년) 7월, 8월, 9월, 10월 업무일지.
5	1/25-7/1959	58년 11월, 12월 업무일지.

5	1/25-28/1959	9월 1일부터 10월 7일까지 하노이 대사관의 활동일지.
5	1/25/5-1/1960	조선에서 4월 4일(헝가리의 해방절) 축하행사.
5	1/25/21-1/1960	조선에서 헝가리 해방 15주년 기념행사.
5	1/25/13-3/1960	1960년 1/4분기 업무일지 보고.
5	1/25/15-1/1960	연설 원고 보고.
5	1/25/36-1/1960	아담 리비우(Adam Livju) 루마니아 대리대사의 정보 요청.
5	1/25/2-1-4/1961	업무일지 보고.
5	1/25/3-1/1961	평강(Ponguan)의 페인트 공장 개소식(開所式)에 도착한 정부 사절단의 공장 방문.
5	1/25/4-1/1961	신임 루마니아 대사를 답방.
5	1/25/5-1/1961	베트남 대사가 헝가리 대사관 건설 현장을 방문.
5	1/25/6-1/1961	연설 원고 보고.
5	1/25/8-1/1961	외교단체의 간성(Kanszon) 철강 콤비나트 방문.
5	1/25/13-1/1961	조선에서 4월 4일(헝가리의 해방절) 축하행사.
5	1/25/14-1/1961	외교단체의 청산리(Csonszanri) 방문.
5	1/25/15-1/1961	구성(Kuszon)의 공작기계공장 방문.
5	1/25/16-1/1961	평강(Poungun)의 페인트 공장 방문.
5	1/25/18-1/1961	4월 4일(헝가리의 해방절) 행사의 연설과 기사(記事)들.
5	1/25/35-1/1961	평양에서 헝가리 친선의 밤.
5	1/25/36-1/1961	리현리(Lihjonri) 협동농장 결산 총회에 외교단체의 참석.
5	1/25/42-1/1961	외교단체 대상의 야유회.
5	1/25/48-1-2-1/61	통신 위원회 외무과를 방문.
5	1/25/50-1/1961	말리(Mali) 공화국 대사의 소개 인사 차 방문.
5	1/25/4-1/1962	기니(Guinea)공화국 대사의 소개 인사 차 방문.
5	1/25/9-1/1962	업무일지 보고.

5	1/25/9-2, 3/1962	업무일지 보고.
5	1/25/28-1/1962	조선-헝가리 친선 협동농장에서 사회적 과업.
5	1/25/35-1/1962	외교 공관 영사 직원들 야유회.
5	1/25/34-1/1962	공장방문.
5	1/25/8-1, 3/62-63	공장방문.
5	1/25/1-5/1963	1963년 5월, 6월, 7월 활동일지 보고.
5	1/25/2-1, 2/1963	1962년 헝가리-조선의 관련 업무일지.
5	1/25/2-51963	1963년 8월, 9월 활동일지 보고.
5	1/25/8-2/1963	구성(Kuszon)의 공작기계공장 방문. 조선의 표준 체계, 공장운영방침 등.
5	1/25/9-1/1963	함흥(Hamhün) 방문.
5	1/25/10-1/1963	유찬식(Ju Csan-Szik) 외무성 부상(副相)의 사면.
5	1/25/11-1/1963	운봉(Unbon)의 "조선-헝가리 친선(Koreai-Magyar Barátság)" 협동농장에 관하여.
5	1/25/12-1/1963	외교단체의 태안(Tean, 조선의 지명) 전기기계 공장 방문.
5	1/25/17-1/1963	조국수호전쟁박물관 방문.
5	1/25/26-1/1963	조선인민군 레슬링 운동선수단을 헝가리 대사 관에 초대해서 만찬을 가짐.
5	1/25/3-1/1964	1963년 4/4분기 활동일지 보고.
5	2/25/3-1/1964	(1919년의) 헝가리 소비에트공화국 선포 45주 년 기념행사.
5	1/25/9-1/1964	헝가리 대사관에서 친선의 밤.
5	1/25/3-4/1964	의전 업무일지.
5	1/25/13-1/1964	체코슬로바키아의 국경일 기념 만찬.
5	1/25/3-7/1964	대사관의 1964년 5월-11월 활동일지 보고.
5	107/1960	헝가리 우체국에 대해 조선 체신성의 다년간 채무.
5	012785/1951	조선으로 향하는 의료 사절단.

5	016286/1951	대사관에서 헝가리여성민주동맹 사절단(MNDSZ) 환영 만찬.
5	05301/1952	조선에서 몽고 인민 사절단.
5	05317/1952	헝가리여성민주동맹 사절단의 조선 체류.
5	016285/1951	헝가리여성사절단의 북경 체류.
5	01581/1953	(헝가리의 지원으로 이루어진) 제3 조선 의료단 자료.
5	07906/1953	(헝가리의 지원으로 이루어진) 제4 조선 의료단 에게 서훈(敍勳).
5	05764, 1/1953	(헝가리의 지원으로 이루어진) 제4 조선 의료단 에게 서훈(敍勳).
5	013240/1953	일본 사절단의 조선 방문.
5	08082/1954	조선의 북동지역 탄광들 방문.
5	1/25/19-1/1963	동독(NDK) 적십자 사절단의 조선 방문.
5	2/25/13-2/1964	페렌찌 라쓸로(Ferenczi László)와 디오쎄기 빌 모쉬 부인(Diószegi Vilmosné)의 과업 프로그램 발송.
5	2/25/14-1/1964	농경제학자 또뜨 샨도르(Tóth Sándor)의 조선 방문.
5	2/25/15-1/1964	로숀찌(Losonczi) 동지의 초청과 관련한 농업 위원회 위원장의 회신.
5	2/25/25-1/1961	기사(記事)와 성명 보고.
5	2/25/12-1/1964	1964년 헝가리-조선의 과업 계획.
5	12/25/2-1/1961	조선의 외국인 관련 규정.
6	660/25/14-1/1951	외국의 정부 발표를 위해 외교 단체에 전한 조선 외무상 박헌영의 발표.
6	680/25/11-1/1951	미국 사령부 문서 위조에 대한 조선인민군 참 모장 남일(Nam-Ir)의 폭로 문서.
6	87/25/1-3/1953	예상되는 봄 공세와 관련한 조선 언론의 의견.
6	1/25/1-1/1962	조선 외무성 발표 보고.

6	1/25/27-1/1964	국제중립국위원회(Nemzetközi Semleges Bizottság) 의 남한 방문.
6	024435. 1950	조선에서 사진(寫眞) 보고.
6	026797. 1950	조선에서 사진(寫眞) 보고.
6	026805. 1950	통일민주애국전선위원회의 제1차 보고.
6	030205. 1950	평양 폭격에 관한 보고.
6	08043. 1951	조선의 상황(맥아더 해임에 대한 반응).
6	08713. 1951	미 제국주의 언론에 관한 언론 비평 송부.
6	016343. 1951	불가리아의 의류 수거(기부) 활동.
6	01935. 1952	조선에서 베트남 사절단.
6	03615.1. 1952	국제 법률가 파견단의 업무에 관한 정보 요청.
6	03837. 1952	한국전쟁에 대하여 미국 인민의 반감.
6	007197.1. 1952	거제도 사건에 관하여.
6	08076. 1952	조선에서 루마니아의 인민 사절단.
6	010906.1. 1952	소련-중국 회담의 반응.
6	012618. 1952	조선에서 세균전 무기 사용.
6	012620.1. 1952	체코슬로바키아 병원 방문.
6	01882.titk. 1952	조선문제에 관한 중국 중앙인민정부의 입장.
6	05473.titk. 1951	조선에서 유고슬라비아 군인들.
6	016344.titk. 1951	조선에서 유고슬라비아 군인들.
6	05309.titk. 1952	조선에서 유고슬라비아 군인들.
6	06110.1. 1952	조선에서 체코슬로바키아 의사들.
6	016016. 1951	조선에서 불가리아 사절단과 의사들.
6	08107. 1952	조선에서 불가리아 사절단과 의사들.
6	09831. 1952	한국전쟁 2주년과 관련된 행사들.
6	02207.1. 1953	조선에서 세균전.
6	02220. 1953	남한의 상황. 아이젠하워(Eisenhower)의 방문.
6	02270. 1953	조선과 남한의 종교(기독교) 단체들의 호소(미국의 야만성에 대하여).
6	07101. 1953	휴전회담과 조선에서의 반응.

6	07103. 1953	부상(負傷) 및 병상 포로들의 귀환.
6	09431. 1953	조선의 휴전.
6	09463. 1953	미국이 뿌린 전단들.
6	09948. 1953	(미 국무장관) 덜레스(Dulles)의 남한 방문과 조선문제.
6	013241. 1953	남북 정치회의의 예비 회담(1953년 12월 7일의 보고).
6	013242. 1953	전쟁포로들 사이에서 교화 작업.
6	012564. 1953	조선 지원.
6	0726. 1954	조선 지원.
6	01231. 1954	조선에서 한국 전쟁 3주년 기념.
6	04640/5. 1953	조선에서 한국 전쟁 3주년 기념.
6	02834. 1954	교화 작업 중단과 전쟁포로의 송환 보고.
6	10782/1953	재건의 새로운 성과들.
6	Sz.n./1953-1958	1953년 조선의 정치 관련 업무일지.
6	Sz.n./1950	1950년 7월 20일부터 9월 12일까지 조선의 상황 변화에 대한 요약.
6	Sz.n./d.n.	조선 사절단의 (유엔) 초청과 관련한 결정문의 제안과 투표에 관한 보고.
6	09481.titk. 1954	동남아시아에서 형성되는 국제적 상황.
6	010956.titk. 1954	국제적인 사건들(동남아시아회의 창설, 대만 문제, 일반적인 사건들).
6	955. 1954	제9차 유엔 총회에서 조선문제 토의.
6	791. 1954	외교 무대에서 적극적인 조선의 활동.
6	115. 1954	조선의 정치회의와 관련된 문제들.
6	01932.titk. 1952	조선여성민주동맹의 과업과 해방 전쟁(한국전쟁) 시기 여성의 역할.
6	012611.titk. 1952 012611/1	조선청년동맹과의 관계.
6	010447. 1952 010447/1.	제2차 조선 평화회의에 관하여.

6	0714.1-5. 1953	조선의 평화 운동과 관련된 공사관의 과업. 조선 평화위원회의 과업.
6	010827. 1952 010827/1	세계 평화회의와 아시아 평화회의에 대한 조선의 관심.
6	011217. 1953	조선민주여성동맹의 과업.
6	011216. 1953	조선민주청년동맹의 과업.
6	01234. 1954	조선민주청년동맹의 과업.
6	07280.1-3 1954	조선여성동맹의 초청-초청장 전달. 조선여성동맹 전국회의.
6	004063.szt. 1955	조선청년단체들의 과업.
6	006948.szt. 1955	국제 어린이날을 맞이하여 개최한 축하행사.
6	004463.1-5. 1960	외무성과 대중단체들의 협력 관계. 적십자사의 과업. 조선직업총동맹의 과업과 관계들. 동맹 중앙위원회 외무과 과장과의 대화. 청년동맹의 과업.
6	004093.szt. 1964	조선민주청년동맹 제5차 총회.
6	1/25/5/1957	조선민주청년동맹 제4차 총회.
6	1/25/10-1/1962	조선어머니총회와 여성동맹 과업에 관한 안내.
6	1/25/6-1,2/1963	조선민주청년동맹 중앙위원회의 1월 총회와 과업에 관해.
6	002547.szt. 1951	조선에서 헝가리여성민주동맹 사절단.
6	00333.szt. 1952	헝가리여성민주동맹 사절단의 방문에 관한 보고 요청.
6	012730.titk. 1951	세계청년축전(VIT) 참가단의 소개 공연과 사절단 출발.
6	01930.1.titk. 1952	세계청년축전에서 귀국한 조선 사절단의 유럽 방문에 관한 (헝가리에 관한) 인상.
6	013959.titk, 1952	조선에서 세계청년의 날 축하행사.
6	02269.titk. 1953	비엔나 세계평화총회에 대한 조선의 반응.

6	04622.titk. 1953	국제 여성의 날 축하행사.
6	002244.szt. 1958 002244/1-3.	조선통일민주애국전선의 과업. 재일동포에게 전하는 서신.
6	004857. 1962	조선민주청년동맹의 정치 교육 과업.
6	170. 1951	세계청년축전으로부터 귀국한 조선 사절단의 유럽(헝가리)에 관한 인상.
6	166. 1951	조선여성민주동맹의 과업과 여성의 역할-해방 전쟁(한국전쟁) 시기.
6	169. 1951	조선민주청년동맹의 과업. 해방전쟁(한국전쟁) 에서 청년의 역할.
6	08050. 1951	중국에서 평화운동-헝가리의 평화운동에 대해 안내.
6	010030. 1951	중국에서 평화운동-헝가리의 평화운동에 대해 안내.
6	012664. 1951	중국에서 평화운동-헝가리의 평화운동에 대해 안내.
6	016227. 1951	중국에서 평화운동-헝가리의 평화운동에 대해 안내.
6	017762. 1951	중국에서 평화운동-헝가리의 평화운동에 대해 안내.
6	02071. 1952	중국에서 평화운동-헝가리의 평화운동에 대해 안내.
6	010287.1-2. 1952	헝가리의 전국평화평의회(OBT)가 주최한 "조 선의 달"에 관한 보고.
6	07248.1-2. 1952	아시아와 태평양 연안 국가들의 회의에 관해. 아시아와 태평양 연안 국가들의 평화회의에 베트남의 참가.
6	003219. 1959	레닌상(Lenin賞) 수상자인 오스트리아의 법학 교수, 브란드바이너(Dr. Brandweiner) 박사의 조선 방문에 관하여.

6	001669. 1960	문화관 설립. 조선민주법률가동맹의 초청. 오스트리아-조선 문화교류. 조선과 남한의 평화 통일 권약(券約).
6	001669/1. 1960	조선의 명예법학박사 수여.
6	160.b.pol. 1951	헝가리로 출발하는 조선의 어린이들 보고.
6	02420. 1952	헝가리로 출발하는 조선의 어린이들.
6	013742.titk. 1952	헝가리여성민주동맹의 조선에 대한 기증품.
6	016260. 1951	조선의 병원으로 인해 발생한 지불 건(件).
6	016232. 1951	조선의 병원으로 인해 발생한 지불 건(件).
6	012824. 1951	의료단에 대한 지불 건(件).
6	012823. 1951	의료단에 대한 지불 건(件).
6	07995. 1951	(소련 화폐) 루블 송금.
6	03427. 1951	(소련 화폐) 루블 송금.
6	032215. 1951	베이징 대사관에 송금한 (소련 화폐) 루블.
6	032009. 1951	베이징 대사관에 송금한 (소련 화폐) 루블.
6	031999. 1951	베이징 대사관으로 송금을 위해 (소련 화폐) 루블 환전.
6	031576. 1951	베이징 대사관으로 송금을 위해 (소련 화폐) 루블 환전.
6	05392.1-3. 52	라꼬시 마챠쉬(Rákosi Mátyás) 병원으로 인한 지불 건(件).
6	02301.2. 953	라꼬시 마챠쉬(Rákosi Mátyás) 병원으로 인한 지불 건(件).
6	011555.1. 952	평양의 공사관과 라꼬시(Rákosi) 병원(헝가리의 원조로 설립된 병원)에 대한 중국으로부터의 보급 문제.
6	012605. 1952	셔프런꼬(Safrankó) 대사에게 전하는 서신 보고.

6	012624.1.2. 52	평양의 공사관과 라꼬시(Rákosi) 병원에 대한 중국으로부터의 보급.
6	02305. 1953	평양의 공사관과 라꼬시(Rákosi) 병원에 대한 중국으로부터의 보급.
6	07064. 1953	중국 외무성 방문.
6	04126.1-3. 954	헝가리 병원의 과업과 상황.
6	04930. 1954	조선으로 출발하는 의료단 비용.
6	249. 1954	라꼬시(Rákosi) 병원(헝가리의 원조로 설립된 병원) 건(件).
6	Sz.n. 1954	인민민주주의 국가들의 조선 지원.
6	024277. 1950	조선으로 의료단과 병원 지원.
6	024327. 1950	조선으로 의료단과 약품 지원.
6	024554. 1950	조선으로 의료단과 병원 설비 지원.
6	026680. 1950	조선으로 보내는 물자 목록 발송.
6	028287. 1950	1950년 10월 조선으로 보내는 물자 상세목록.
6	029872. 1950	조선으로 보내는 물자 목록.
6	030173. 1950	조선 (헝가리) 병원에 필요한 것들.
6	01906. 1952	조선으로 보내는 물자 건(件).
6	01933. 1952	헝가리여성민주동맹의 기증품 증정식을 맞아 평양에서 개최된 대형 집회.
6	016015. 1951	의료단과 병원에 제공된 총액 관련 보고 요청.
6	02345. 1952	의료단과 병원에 제공된 총액 관련 보고 요청.
6	05364.1. 1952	조선에서 귀국하는 의료단을 평양에서 방문함. 평화위원회에서 헝가리 의사들에게 만찬. 의료단의 베이징 도착.
6	07027.1. 1952	헝가리 의사 세 명의 모스크바 체류.
6	08084.1-4. 952	조선으로 보내는 직업동맹의 물자. 영사기. 조선으로 보내는 노동자들의 서신. 직업동맹 위원장을 방문.

6	0271.1-4. 953	직업동맹전국평의회(SZOT)의 영화 발송. 증정. "십자포화(Tűzkeresztség)"라는 제목의 영화 복사본 발송.
6	07797.1-2. 952	조선으로 전하는 스위스 노동자농민 부조(扶助) 물자.
6	01000. 1953	조선으로 전하는 스위스 노동자농민 부조(扶助) 물자.
6	02213. 1953	헝가리의 기증품 증정.
6	02244. 1953	조선의 (헝가리) 병원을 위한 구매.
7	010168. 1953	라꼬시 마챠쉬(Rákosi Mátyás) 조선 병원의 조선 국적 근무자에게 서훈(敍勳).
7	010168/1.	라꼬시 마챠쉬(Rákosi Mátyás) 조선 병원의 조선 국적 근무자에게 서훈(敍勳).
7	05261. 1954	서훈(敍勳).
7	05261/1. 1954	서훈(敍勳).
7	1398.A.IV. 51	서훈(敍勳)(보고).
7	04017. 1951	조선의 (헝가리인) 의료 보건단 훈장.
7	08290. 1951	조선의 의료 보건단 훈장 수령과 훈장 보유 허락 수리(受理).
7	012622. 1952	제3차 의료단 훈장.
7	012725. 1952	조선에서 근무한 제3차 의료단의 모스크바 체류.
7	002055. 1952	의료단 훈장.
7	013969. 1952	의료단 훈장.
7	0517. 1953	의료단 훈장.
7	05111.1-11. 1953	조선을 지원(支援)한 바에 대해 서훈(敍勳). 허가 요청.
7	08464.1. 1953	평양의 헝가리 대사관 주재관(attaché)인 뻐쁘 야노쉬(Papp János)와 1급 타자(打字) 부관인

		라쓸로 율리아(László Júlia)에게 조선 상훈 규정에 따라 해당 서훈(敍勳).
7	1649. 1954	조선 정부의 훈장에 대한 결정문.
7	1200. 1954	조선 정부의 서훈(敍勳)과 관련하여 헝가리인 대상자 제안, 헝가리 노동자당 중앙 지도부(KV) 자료.
7	sz. 1954	조선 정부의 서훈(敍勳)과 관련하여 헝가리인 대상자 제안.
7	07885.1. 2. 954	헝가리 국적자들에게 서훈(敍勳).
7	01936.1-2. 952	헝가리 의료 사절단에게 조선의 서훈(敍勳).
7	08161.1. 1954	제2차 의료단의 훈장.
7	241. 1954	조선의 서훈(敍勳).
7	sz.n. 1954	조선의 서훈(敍勳)과 관련한 보고.
7	94/R. 1954	리철자(Li Cser Gya) 동지의 조선 대사관 1등 서기관 방문 보고.
7	300/1949	조선 정부의 서훈(敍勳).
7	0131/25-11/1955	쇠비늬(Sövény) 동지에게 조선의 서훈(敍勳).
7	0300/49/1954	조선 정부 훈장 수령 허가.
7	Sz.n./1953	조선의 서훈자(敍勳者)로 제안된 명단.
7	803/1957	조선의 서훈자(敍勳者)로 제안된 근무자 명단 발송.
7	0131/53-2/1953	뚜러이 요제프 부인(Turai Józsefné)의 서훈(敍勳).
7	106/K/4-1/1952	프런끌 졸딴(Frankl Zoltán), 어도란 이슈뜨반(Adorján István)과 리버이 까로이(Lévai Károly) 의사에게 조선의 서훈(敍勳).
7	07422/1952	미러이(Méray) 동지의 훈장.
7	106/K/3-1/1952	헝가리 의료단에게 조선의 서훈(敍勳).
7	106/K/2-2/1952	헝가리 의사들에게 조선의 서훈(敍勳).
7	5/K/5-1, 2/1957	헝가리 국적자들에게 조선의 서훈(敍勳).

7	5/K/3-1-3/1958	헝가리인에 대한 조선의 서훈(敍勳)과 그 훈장의 보유 허락 수리(受理). 조선을 지원(支援)한 헝가리 의료 및 건설 관련인에 대해 헝가리의 서훈(敍勳).
7	5/K/4-2/1958	훈장 발송.
7	5/K/14-1/1960	조선에 건설한 페인트 공장의 건설 및 설비의 설치 과정에서 탁월한 기여를 한 헝가리 노동자들에게 서훈(敍勳).
7	98.biz.pol. 1951	재(在) 조선 외교단체 회원과 문화, 학술, 및 기술 분야 근무자에게 "국기(國旗) 훈장(Állami Zászló Érdemrend)"과 "공로훈장(Érdemérmek)" 수여식.
7	09947. 1953	조선 내정(內政)과 관련된 법령들.
7	030441.titk. 1950	요약본 발송.
7	01111.titk. 1951	요약본 발송.
7	03443.titk. 1951	요약본 발송.
7	09419.titk. 1951	조선의 헝가리 공사관에 일간지 보급.
7	007014.1.sz. 1955	3/4분기 언론 업무.
7	00369.sz. 1960	(헝가리의 당 중앙 기관지) "인민해방(Népszabadság)"지(紙) 특파원의 조선 방문.
7	001481.sz. 1960	언론 및 라디오 비평과 관련하여 인지한 바들.
7	007087. 1962	"인민해방(Népszabadság)"지(紙)의 1962년 8월 15일 기사가 두 개의 조선을 다룬 것에 대하여 조선 외무성의 문제제기.
7	4/25-16/1957	대사관의 언론 및 선전 과업.
7	Sz.n./1950	침략자들의 군대가 전선을 넘어 왔음을 알리는 오늘 아침 BBC 방송(1950.11.24., 25., 27., 28. 방송 분 요약).
7	025410.titk. 1950	조선으로부터 공보(公報, 뷸레찐) 보고.
7	015168.titk. 1951	어학 수당 관련 규정 송부.

7	03163.1.titk. 1952	일본-남한 회담에 관한 정보 요청.
7	016082.titk. 1951	일본과 남한 간(間) 비밀 군사 동맹에 관하여.
7	05299.titk. 1952	벌로그 마리아(Balog Mária) 대사관 비서의 기사가 1952년 1월 13일자 "로동신문"에 게재.
7	05311.titk. 1952	(헝가리) 민속예술품 기증품 증정.
7	08607.titk. 1951	빠쓰또르(Pásztor) 동지가 요청한 풍경 자료, 사진 인화지와 필름.
7	016345.titk. 1951	빠쓰또르(Pásztor) 동지가 요청한 풍경 자료, 사진 인화지와 필름.
7	05312.titk. 1952	공사관의 선전 과업-공사관들의 문화와 언론 과업에 관한 제안.
7	08250.titk. 1951	공사관의 선전 과업-공사관들의 문화와 언론 과업에 관한 제안.
7	016320.titk. 1951	공사관의 선전 과업-공사관들의 문화와 언론 과업에 관한 제안.
7	013213/titk. 1952	조선 여성의 날을 맞이하여 언론 간담회.
7	02186.titk. 1953	조선 여성의 날을 맞이하여 언론 간담회.
7	02210.titk. 1953	(헝가리 공사관의) 선전 과업에 관한 보고.
7	04265.1-6.t. 1953	공사관 공보(公報, 뷸레찐)의 편집 방향.
7	04631.1-6. 1953	공사관의 언론 과업.
7	09795.1. 1952	언론 및 선전 과업의 여러 가능성에 대해.
7	02214.1-3. 1953	공보(公報, 뷸레찐) 발행에 대한 보고. 제1호 공보(公報) 준비에 대한 보고.
7	01292. 1953	공보(公報) 관련 문제점들.
7	09796.1-2. 1952	공보(公報) 발행.
7	7107. 1953	조선의 언론 요약문 송부.
7	010865.1. 1952	조선의 언론 요약문 송부와 관련된 요청.
7	08083. 1954	남한의 선거.
7	sz.n. 1954	조선에서 중공업의 재건 및 발전.
7	001133.szt. 1955	남한의 사건들 및 상황.

7	004061.szt. 1955	남한의 최근 사건들.
7	004065.szt. 1955	일본의 상황.
7	004331.szt. 1955	헝가리 공보(公報, 뷸레찐)의 축일 판(版).
7	009570.szt. 1955	남한에서 전쟁 준비.
7	879/25/2-7, 2-2/ 1956	조선에서 발행한 헝가리어로 된 공보(公報, 뷸레찐).
7	00595.szt. 1956	대사관의 언론 과업에 관한 보고 요청.
7	003113.szt. 1956	1956년 문화과업 계획 초안과 관련한 의견 교환.
7	001025.szt. 1957	조선로동당 편집부의 요청.
7	002748.szt. 1957	조선에서 조선어로 된 헝가리 공보(公報) 발행.
7	007971.szt. 1956	조선에서 조선어로 된 헝가리 공보(公報) 발행.
7	003863.szt. 1957	헝가리사회주의노동자당 전국 회의에 대한 조선의 반응.
7	003867.szt. 1957	기자협회 제2차 총회에서 나타난 조선의 언론 및 보도의 현재 상황.
7	004149.szt. 1958	폴란드의 당 및 정부 사절단의 헝가리 방문에 대한 (조선의) 반응.
7	004157.szt. 1958	소련 정부 사절단의 헝가리 방문에 대한 조선의 반응.
7	004537.szt. 1959	조선에서 언론 과업.
7	004484.1. 1958	조선에서 언론 과업.
7	002020. 1960	아이젠하워(Eisenhower)의 남한 방문.
7	006484.szt. 1960	(헝가리의 당 중앙 기관지) "인민해방"지(紙)에서 요약한 조선 관련 기사들.
7	007689.szt. 1960	대사관의 공보(公報) 발행.
7	Nyílt táv	파시스트 세계로부터 소비에트 군대를 통해 헝가리 인민들이 맞이한, 해방 13주년을 기념하여 도비(Dobi), 뮌니히(Münnich) 및 까다르(Kádár) 동지에게 보내는 조선의 축전(祝電).
8	023/12-1/1953	남한의 화폐 개혁.

8	028/25/6-2/1953	남한의 경제 상황.
8	025/25/11-6/1956	조선에서 언론의 발전.
8	1/25/34-1/1961	(헝가리의 당 중앙 기관지) "인민해방(Népszabadság)" 특파원의 조선 방문.
8	1/25/18-1/1962	천일령(Ten Ir-Len) 부수상의 4월 4일(헝가리의 해방절) 건배사(乾杯辭) 보고.
8	3/25/3-1/1962	신문 기사 요약 보고.
8	3/25/5-1/1963	남한의 영자(英字) 잡지 구독.
8	1/25/7-1/1964	미국 군인의 언론 간담회.
8	3/25/7-1/1964	1964년 4월 19일자 "로동신문" 사설 전문(全文) 번역.
8	004518.szt. 1961	조선에서 헝가리 잡지 보급.
8	006331.szt. 1961	(주(駐) 조선 헝가리) 대사관에서 남한 관련 소식을 다룸.
8	005133.szt. 1962	서울에서 반(反)공산주의 회의.
8	005805.szt. 1962	남한의 잡지들과 통신사들 분석.
8	007982.szt. 1962	남한에서 월북한 미국 병사의 언론간담회.
8	002277.szt. 1962	조선 언론 관련 몇 가지 문제점들.
8	002280.szt. 1962	평양 헝가리 대사관의 언론 및 선전 과업.
8	002282.szt. 1962	조선의 해외 선전 과업 강화.
8	002300.szt. 1962	1961년의 국제적 상황에 관해 기재한 조선로동당 중앙위원회의 이론지(理論紙), "근로자(勤勞者)".
8	002081.szt. 1963	언론과 선전 과업.
8	008673.szt. 1962	언론과 선전 과업.
8	002971.1.szt. 1963	조선의 잡지 발행 상황. 조선 잡지의 대사관 보급.
8	004355.szt. 1963	사회주의 국가들에 대한 조선의 언론.
8	004356.szt. 1963	조선-소련, 그리고 조선-중국 관계에 대한 남한의 언론(소련과의 갈등을 겪고 있는 조선).

8	001778.1-5. 1964	사회주의 국가들에 대한 조선의 언론. 헝가리에 대한 조선의 언론.
8	003004. 1964	조선에서 1964년 출판 계획(도쿄에서 일본어로 "헝가리 지리 소책자"라는 제목의 출판물을 펴냄).
8	3/25/5-1/1964	남한 언론에서 발췌한 (언론) 기사들.
8	00345.szt. 1952	미러이(Méray) 동지("해방 인민"의 특파원)의 과업.
8	017325.t. 1951	미러이(Méray) 동지에 관하여.
8	05320.5. 1952	미러이(Méray) 동지에 관하여.
8	09789.t. 1952	"로동신문"과 헝가리 대사관의 지속적인 관계 발전을 위한 토의.
8	012612.t. 1952	"로동신문" 편집장의 방문.
8	00326.szt. 1953	"로동신문" 개성 특파원의 대사관 방문(헝가리에서 자신을 치료해 주도록 지원 요청, 전쟁 중 발생한 미국과 관련된 변화들).
8	001697.szt. 1959	"헝가리 라디오(방송국)" 근무자들의 조선 방문.
8	004240.szt. 1960	조선에서 "MTI(헝가리 통신사)" 특파원으로 한강원(Han Gan Van) 박사 위임.
8	002488.szt. 1961	"로동신문" 편집장과 남한 상황의 향후 추이 대해 토론.
8	007487.szt. 1961	김일(Kim Ir)의 언론성명 초안(미 제국주의자들의 불법 무기 운반).
8	008668.szt. 1961	"MTI(헝가리 통신사)"의 베이징 특파원 퍼뜨꼬(Patkó) 동지의 조선 방문.
8	2/25/34/1959	처뽀 죄르지(Csapó György)의 조선 및 베트남 방문.
8	16/11/1964	조선에서 해외 특파원들에 대한 관리.
8	0971.titk. 1954	조선 대사관이 이부쓰(IBUSZ, 헝가리 국영 여행사) 운영 범위와 조직 체계에 대한 안내 자료 요청.

8	005419.szt. 1959	양국(兩國) 대사관 간(間) 친선 관계의 발전을 위해 조선의 대사관으로 소련 외교관들을 초청.
8	005966.szt. 1964	산업예술(공예술) 연구가 페렌찌 라쓸로(Ferenczy László) 큐레이터와 박사 디오쩨기 빌모쉬 부인(Dr. Diószegi Vilmosné)이 조선을 연구출장으로 방문.
8	004532.szt. 1959	추부라예프(Csuburajev) 소련 감독(監督, 트레이너)과의 대화(세계청년축전(VIT)에 조선의 운동선수들을 훈련시키고 있음).
8	007976.1. 1963	스포츠와 관련한 조선의 요청.
8	2/25/2-1-3/1961	평양체육대학 교수들의 요청.
8	1/25/30-1/1964	제18회 도쿄 올림픽 대회에 조선 선수들의 불참.
8	001733/1951	조선의 장학생들.
8	002101/1951	조선의 장학생들.
8	00873/1952/1-ig	(헝가리로 조선의) 장학생 파견 요청.
8	001828/1-ig/1952	조선의 장학생들.
8	02406/1952/9-ig és 02405/1952/11	조선의 장학생들.
8	06428/1952	헝가리에서 조선 장학생들.
8	07378/1952	(헝가리의) 김일성 학교에 관하여 요약하여 불가리아에 알림.
8	07726/1952/1-ig	조선의 학교 건(件).
8	010864/4-ig/1952	장학생들과 (헝가리의) 김일성 학교 학생들.
8	012061/1952	(헝가리의) 김일성 학교.
8	00195/1953/4-ig	조선의 (전쟁고아) 어린이 건(件).
8	0293/1953	(헝가리의) 김일성 학교와 장학생들.
8	0512/19-ig/1953	조선의 장학생들.
8	02406/10-es/1952	헝가리로 떠나는 조선 학생들.

8	001274/1953	헝가리로 떠나는 조선의 (전쟁고아) 어린이들.
8	02369/1953	(헝가리의) 김일성 학교 한 학기 과업에 관한 보고.
8	06346/1953	조선 학생들의 정착.
8	06625/1953/2-ig (06625/3, 미표기)	(헝가리의) 김일성 학교 건(件).
8	09465/1953	조선 학생들의 학교 교육.
8	0266/1-ig/1954	조선 학생들의 상황.
8	0970/2-ig/1954	영사 업무와 관련하여 조선 공사관의 요청.
8	05854/1954	(김일성 학교를 졸업한) 조선 학생들의 (헝가리의 상급) 전문학교 배치.
8	00873/1-ig/1952	(헝가리로 조선의) 장학생 파견 요청(00873/1952/1까지 문서 참조).
8	0512/5-ig/1953	조선의 장학생들.
8	Sz.n.100/55/1955 극동과	조선의 참사, 문(Mun)의 방문.
8	Sz.n.105/55/1955 극동과	조선의 참사, 문(Mun)의 방문(대사의 자녀 관련 건(件)).
8	Sz.n.123/T/1955 극동과	백일권(Pek Ir Kon) 조선 주재관(attaché)의 방문.
8	1474/B.J./1953	1953-1954 학년(1953년 가을부터 1954년 여름까지)에 200명의 조선 장학생들을 수용.
8	43/25-4/1957	헝가리 장학생, 펜들레르 까로이(Fendler Károly) 건(件).
8	43/25-2.3/1957	졸업한 조선 학생들이 헝가리에서 현장 실습 (김광호(Kim Gang Ho) 등).
8	43/25-1/1957	(헝가리에서) 조선으로 귀국한 의대생들의 요청.
8	14/25-2/1958	조선 학생들의 명단.
8	14/25-9/1958	쥬로 페렌쯔(Gyuró Ferenc)의 연구출장.
8	14/25-5/1958	최선인(Cso-Szen-In)의 생산 실습.

8	14/25-1/1958	조선 및 헝가리 학생들의 장학금.
8	14/25-8/1958	조선 및 헝가리 학생들의 장학금.
8	14/25-7/1958	조선 및 헝가리 학생들의 장학금.
8	14/25-6/1958	조선 및 헝가리 학생들의 장학금.
8	14/25-6/1959	조선에서 학업 중인 헝가리 학생들의 추가 장학금.
8	14/25-4/1959	평양에서 학업하는 외국인 장학생들의 장학금.
8	14/25-3/1959	너지 일디꼬(Nagy Ildikó) 추가 장학금 정산.
8	14/25-2/1959	너지 일디꼬(Nagy Ildikó) 귀국 비용 송금.
8	14/25-5/1959	조선에서 학업 중인 학생들의 추가 장학금.
8	14/25-5/1960	김시용(Kim Szi Jong)의 요청.
8	14/25-4/1960	평양과 하노이 주재 헝가리 대사관에 장학금 항목으로 송금.
8	14/25-3/1960	헝가리에서 유학한 조선 장학생들 명단.
8	14/25-2/1960	장학생들에게 자료 발송.
8	14/25-1/1960	께취끼쉬 라쓸로(Kecskés László)와 그 부인의 송환에 대해 헝가리 교육성(省)이 북경의 헝가리 대사관에 알림.
8	14/25-3/1961	조선에서 연구생 과정의 상황-연구생 과정(aspiránsképzés)은 일반적으로 사회주의 국가에 존재했으며, 박사 과정과 유사.
8	14/25-7/1961	헝가리 교육성이 평양 주재 헝가리 대사관에 (장학생의) 장학금 관련 내역장(內譯帳)을 지금부터 작성하여 매달 송부할 것을 요청.
8	14/25-3/1962	평양의 (헝가리) 대사관으로 장학금 지급을 위한 송금.
8	14/25-1/1962	평양의 (헝가리) 대사관으로 장학금 지급을 위한 송금.
8	14/25-2.3/1963	조선에서 학업 중인 너지 일디꼬(Nagy Ildikó)에게 장학금 지원.

8	025/25/5-3/1953	조선 장학생들의 전공 배정.
8	025/25/2-72/1954	좀보여(Zsombolya) 가(街)에 기숙하는 조선 장학생들의 연말 학업 결과.
8	025/25/4-11/1955	위청(Vi Chong)의 요청.
8	025/25/5-12/1955	안군선의 학업 건(件).
8	025/25/5-13.14.15/1955	1955년에 도착한 조선의 장학생 명단.
8	025/25/5-19/1955	조선 학생들의 전공 선택.
8	025/25/4-8/1956	조선 학생들의 학업.
8	025/25/2-8, 9/1956	조선인 김성율(Kim Szang-Jul) 화학생도(化學生徒)의 학업 연장.
8	1/25-3/1957	헝가리에서 유학하는 조선 학생들의 귀국.
8	2/25-26/1958	헝가리 전문가들의 (조선) 출장 예정.
8	2/25-40/1958	조선으로 출장을 가는 인사 명단.
8	2/25-47/1958	조선으로 출장을 가는 인사 명단 발송.
8	2/25-1/1959	조선으로 출장을 가는 인사 명단.
8	2/25-21/1959	조선으로 출장을 가는 인사 명단.
8	2/25-33/1959	조선으로 출장을 가는 인사 명단.
8	2/25-47/1959	조선으로 출장을 가는 인사(人士).
8	2/36-1/1960	조선 보건 노동자들의 헝가리에서 재교육(再教育).
8	1/25/17-1.2.3./1961	조선 의사들의 (헝가리에서) 재교육.
8	2/25/7-1, 2/1962	쎈데 죄르지(Szende György) 제철 기사의 방문 문제.
8	3/25/7-1/1963	의치(義齒)와 구강병학(口腔病學) 약제의 문서 자료와 관련된 조선의 4315호 결정문.
8	011726.pol. 1952	친선 외교 공관들의 문화 및 선전 과업 조사.
8	012337.pol. 1952	부다페스트 주재 조선 공사관의 문화 관련 관심.
8	001480.szb. 1960	조선의 문화계.

8	002291.szb. 1962	1961년 조선-헝가리의 문화 업무 계획의 수행에 대한 평가.
9	001323.szb. 1957 /1. /2.	평양의 대사관 과업. 조선에 있는 헝가리 거주민들의 상황. "헝가리-조선 교육협회"의 필요성과 (헝가리에서) 귀국한 조선 학생들의 요청.
9	002245.1.szb. 1958	평양의 대사관 과업. 조선에 있는 헝가리 거주민들의 상황. "헝가리-조선 교육협회"의 필요성과 (헝가리에서) 귀국한 조선 학생들의 요청.
9	sz.n.132/T. 1955	김경완(Kim Gyon Van) 조선 3등 서기관의 방문. 소련 학자 미추린(Micsurin)에 관한 책들과 출판물들을 요청. 조선 계획위원회 통계과 1955년 상반기 보고서 제출.
9	06086.1. 1953	조선 관련 전시.
9	0676. 1954	현재 소련에 체류 중인 조선 학술 사절단을 헝가리로 초청.
9	01226. 1954	조선의 작가 및 예술가 전국 총회.
9	011215. 1953	조선의 작가와 예술가들의 전국 총회.
9	001141. 1955	조선에서의 (문화 행사들이 개최되는) 문화관 상황.
9	001813. 1957	조선의 문화관계연구소 설립과 조직 개편.
9	00269. 1958	조선 작가동맹의 제2차 총회.
9	025/25/3-2/1955	문화 관련 보고.
9	025/25/10-9/1955	1955년 6월, 7월 당월 문화 관련 보고.
9	025/25/3-15/1955	조선의 희곡 "춘향(Csun Hjan)" 송부.
9	2/25/11-1/1961	새로운 조선 문화 협회 설립에 관한 한설야 동지의 안내.
9	001709. 1960	조선의 문화교육성 예술부 부장(副長)과의 대화.

9	004671.1. 1960	남미 문화 사절단의 조선 방문.
9	002486. 1961	조선에서 해외 문화 분야의 상당한 위축.
9	003641. 1961	1961년 비(非) 사회주의 국가들과 조선의 문화 관계 상황.
9	004517.1. 1961	1960년 11월 27일, 작가와 예술가들의 회의에서 김일성(Kim Ir Szen) 동지의 연설.
9	004742.1. 1961	헝가리에서 유학한 젊은 조선인 전문가들의 요청(전문 잡지 요청).
9	002283. 1962	외교단체를 대상으로 연극 공연.
9	002292. 1962	문화 관련 요약.
9	00411. 1962	"소리 없는 위대한 행동(Hír nélküli nagy tett)" 이라는 제목의 연극 비판.
9	00389. 1963	1962년 문화 관련 요약 보고.
9	09984. 1951	조선 예술공연단의 헝가리 방문에 관하여.
9	012356. 1951	조선 예술공연단의 헝가리 방문에 관하여.
9	00872. 1952	조선 공연단의 헝가리 체류.
9	002091. 1951	조선 공연단의 헝가리 체류.
9	08092. 1952	문화계 인사들과의 대화.
9	007223. 1956	꺼린 미하이(Karin Mihály) 체코슬로바키아 피아노 연주자의 방문.
9	024/25/7-1/1956	조선 라디오(방송)위원회 해외국 국장의 대사관 방문.
9	025/25/3-1/1956	해방 이후 시기 조선 문학의 발전과 주요 문제점들.
9	4/25-13/1958	시몬 이슈뜨반(Simon István) 헝가리 시인에게 전하는 김동천(Kim Don Cson) 시인의 선물.
9	3/25/11-1/1961	헝가리 출판물의 조선 관련 자료들과 기사들.
9	02754.1-5. 1952	문화와 관련된 정보 요청. 1952년 상반기의 조선 문학. 언론 및 영화법령.

9	05298.1-3. 1952	라꼬시 마챠쉬(Rákosi Mátyás) 병원과 그 병원의 헝가리 근무자들에 대한 조선 시인, 설정식의 시들.
9	09794.1-3. 1952	헝가리 시(詩)들의 조선 출판. 헝가리 시선집(詩選集).
9	02184.1. 1953	헝가리 시선집(詩選集).
9	02209.1.2. 1953	조선어로 번역에 관한 뻐쁘 야노쉬(Papp János) 주재관(attaché)의 보고.
9	0182. 1953	조선어로 번역.
9	09784.1-4. 1952	조선의 번역.
9	00304. 1954	라디오에 제공하는 자료.
9	004859. 1956	조선의 작가들 관련 건(件)(일부 작가들의 작품을 판금).
9	001046. 1957	조선 작가동맹 제2차 총회를 통해 본 조선 문학의 현재 상황.
9	007220. 1956	조선로동당 제3차 전당대회를 통해 본 조선의 예술계와 조선 예술의 과제들.
9	002755. 1957	조선 해외 출판사로 전하는 헝가리 작가 로너이 에르뇌(Rónai Ernő)의 서신.
9	004737. 1957	헝가리 문학 작품들의 조선 출판.
9	006453.1. 1958	작가 베르께시 언드라쉬(Berkesi András)의 조선 방문.
9	001943.1. 1960	김태화(Kim The Hva) 조선 대사관 주재관(attaché)의 방문과 관련된 보고(헝가리로부터 제공되는 기술 원조와 관련하여).
9	005803. 1962	조선 라디오의 외국어 방송(아랍서, 불어)과 관련한 협력 제안 및 이에 대한 헝가리 라디오의 회신.
9	001779. 1964	소련 "세계사"에 대한 조선의 비판과 그 선행 경과 내용들.

9	Sz.n.403/1958	보고: 헝가리-조선의 간(間) 라디오 방송 협약 서명.
9	006060.1. 1955	여성화가 정온녀(Cong On Nyo)를 방문.
9	001705. 1959	조각 예술가, 머르처 이슈뜨반(Martsa István)의 조선 방문.
9	Sz.n.197. 1954	쎈떼쉬(Szentes, 헝가리의 지명)의 장교 클럽에서 조선 전시회 개최.
9	Sz.n.112/1955	문재수(Mun Cse-Szu) 조선 참사의 방문에 관한 보고. 전시회와 관련하여. 격렬한 반미 슬로건. 2인의 조선 장교 초청에 관한 헝가리 국방성(省)의 초청장을 전함. 재무 회담의 위임장. "버이저 로(路, Bajza路)에 있는 대사관 건물 관련 건(件)."
9	Sz.n.50/1958	조선 전시회 개최 관련 보고. 전시 자료를 헝가리 공화국에 제공.
9	872/25/7-1/1956	조선 미술가들의 해외 방문.
9	025/25/1-31/1955. 1-86	여성 화가 정온녀(Cong On Nyv)를 방문.
9	0131/25-18/1956	조각가 김인호(Kim In Ho)를 초대.
9	2/25/2-1/1964	평양에서 헝가리 건축 전시회.
9	03320.1. 1952	"서부지대, 그리고 투쟁하는 조선(Nyugati övezet és a Harcoló Korea)"이라는 제목의 영화를 평양으로 송부.
9	011925. 1954	(평양의 헝가리) 대사관에 영화 제공.
9	001113. 1955	(평양의 헝가리) 대사관에 영화 제공.
9	002756. 1957	헝가리-조선의 영화협정 체결. 조선 영화 제작의 상황.
9	008675. 1961	(평양의 헝가리) 대사관에 영화 제공.

9	002305. 1962	헝가리 사진 전시.
9	008666. 1961	헝가리 사진 전시.
9	006708. 1962	조선 영화에 대한 체코슬로바키아의 비평 건 (件).
9	001777.1. 1964	(평양의 헝가리) 대사관에 영화 제공.
9	Sz.n.110/1955	조선 사진 전시회와 관련하여 김(Kim) 비서의 방문(보고).
9	277.távirat. 1958	영화 상영. 조국 해방 13주년을 기념하여 영화 상영.
9	519/1958	보고: 9월 12일, (부다페스트의) 뿌쉬낀(Puskin) 극장에서 조선 영화 상영.
9	56/1963	보고: 국제 사진예술가 협회에 Korea 가입 건(件) (Korea가 가입 희망국으로 알려졌는데, 남한으로 여겨지기 때문에 조선 대사관과 협의가 필요하다는 내용).
9	3/X/65-4/1963	영화 공급 문제. "알바 레기아(Alba Regia)"라는 제목의 영화. 투쟁하는 조선 인민들에게 "정찰병"이라는 제목의 새로운 예술 영화 상영.
9	016140. 1951	헝가리 학술원 총회 프로그램 발송.
9	01939. 1952	인민(대중)교육과 관련된 역사 및 현황.
9	05967.1. 1952	(헝가리) 학술원에 관한 안내서 요청. 안내서 발송.
9	00347.1-3. 1953	박헌영(Pak Hen En) 외무상의 방문. 4인의 전문가 파견.
9	002047/1. 1952	헝가리에 요청한 기계 보고. 무역상(貿易相) 방문.
9	05373.1. 1953	조선의 학자 사절단.
9	010361.1. 1953	조선 학생 건(件). 헝가리에서 유학 중인 학생들 건(件).

9	012887. 1953	보고서 발송. 조선의 의료단으로부터 귀국한 루뻬르뜨 일로나(Ruppert Ilona)의 방문.
9	0059.1-3. 1954	조선으로 떠나는 헝가리 기술 전문가들과 관련된 내용들.
9	002128. 1953	조선으로 떠나는 헝가리 전문가들.
9	00303. 1954	학술원과의 관계.
9	001114.1.2. 1954	평양 주재 헝가리 상무관 설치 및 상무관에 근무할 전문가들의 배치 관련.
9	04124.1-6. 1954	침엽 소나무와 조선 밤 씨앗 입수. 학술원의 지방 학술 연구소 방문. 조선 학술원과의 관계. 조선 학술 연구소 방문.
9	001138. 1955	김책기술대학(Kim Csek műszaki főiskola)에서 헝가리 대학교와 9개 대학의 선물 증정.
9	001140. 1955	조선의 초급, 중급 교육에 관한 보고.
9	004322. 1955	과업 성과 불량을 이유로 벨러이 이슈뜨반(Vellay István) 본국 송환.
9	004799.1. 1955	조선 학술원에 기증품.
9	010241.1. 1954	조선 학술원에 대한 헝가리 학술원의 지원.
9	005738. 1955	헝가리 학생들의 조선 파견(유학).
9	002528. 1956	기뻭스(GÉPEX, 헝가리 회사명) 지사(支社)에 관한 안내와 하근(hágon)의 기계공장 참관.
9	003105.1. 1956	기뻭스(GÉPEX, 헝가리 회사명) 지사(支社)에 관한 안내.
9	001044.1-2. 957	조선에 체류하는 헝가리 전문가들과 관련된 안내.
9	004743.1. 957	헝가리 교육(자) 사절단의 조선 방문.
9	006835. 1959	헝가리 학술원 사절단의 조선 방문.
9	003817. 1960	조선 석탄의 높은 기화율에 대한 자문.
9	025/25/3-28/1955	조선 학교들의 중간, 기말 시험.

9	025/25/4-4/1956	8학급으로 구성된 제1 고등중학교 방문.
9	025/25/4-5/1956	조선의 대학교 및 대학의 상황.
9	2/25-25,35/1959	헝가리-조선의 도서관 관계.
9	2/25/19-1,2/1960	조선 섬유 기술자의 요청.
9	2/25/9-1/1961 2/25/19-3/1960	조선에서 산업예술(공예술)과 디자인의 문제 점들.
9	2/25/26-1,2/1961	헝가리-조선의 학술 협력.
9	2/25/15-1,2/1961	헝가리-조선의 도서관 관계.
9	2/25/2-1,2/1962	헝가리-조선의 도서관 관계.
9	/1963	조선 학술원 안내, 출장 보고.
9	1/25/14-1/1964	헝가리 학술원에 서신 전달.
10	005775.1-4. 1960	구성(kuszon)의 헝가리 주민 거주지 설비의 향후 운명. 평강(Pongun)의 페인트 공장 프로젝트 종료. 구성(kuszon)의 공작기계공장의 헝가리 설비 대부분을 평강(Pongun)의 페인트 공장으로 이전.
10	002504. 1961	평강(Pongun)의 페인트 공장 개소.
10	002279. 1962	"공장 대학교"에 관하여. 구성(Kuszon)의 광산 기계공장 대학에서.
10	002293. 1962	조선의 교육 체계.
10	00381. 1963	조선으로 너런치끄 빨(Narancsik Pál)의 연구출장(헝가리-조선의 문화 협정에 기반하여).
10	003711.1. 1963	교육성 부상(副相)의 안내. 조선에서 문화와 교육 상황.
10	00779. 1964	송창렴(Szon Csan Rjon) 대사가 루쓰냐끄 이슈뜨반(Rusznyák István) 동지를 방문(김봉한(Kim Bong Han) 조선 의대교수가 발견한 경락 치료법에 관한 영문 안내 자료).
10	001803.1-2. 1964	함흥(Hamhün) 방문. 호르바트 라쓸로(Horváth László) 헝가리 라디오 문예 담당자의 조선 방문.

10	004878. 1964	외국 학술 및 기술 협정에 대한 조선의 관심.
10	013244/1953	조선의 문화 협정.
10	001404/1953	김일성(Kim Ir Szen) 대학을 방문.
10	0357/1954	조선 공사관에 문화협정 송부.
10	4002. 1-3/1954	조선-헝가리의 문화과업 계획 및 조선의 관계인 초청.
10	001134/1955	문화과업 계획 송부.
10	004051. 1/1955	문화과업 계획과 관련하여 조선 측의 수정 제안들.
10	009038/1955	헝가리-조선의 문화 협정.
10	009569/1955	1955년도 문화 관련 계획.
10	0010751/1955	조선과 체결할 문화 협정, 내각 보고.
10	Sz.n./1955	조선의 비서 김(Kim)의 방문.
10	Sz.n./1955	조선 대사관에서 저녁 만찬.
10	002875. 1-17/1956	1955년도 조선의 문화 관련 계획에 대한 평가. 조선과 문화 협정 체결. 내각 결정문. 더르버쉬 요제프(Darvas József) 인민교육상(相) 동지의 위임장. 1956년도 문화 계획과 관련된 문제점들. 헝가리-조선의 문화과업 계획. 헝가리 장학생들. 헝가리-조선의 문화 관계들. 헝가리-조선의 문화 협정 확인.
10	007240. 1/1956	1957년도 조선의 문화과업 계획에 대한 제안.
10	00598. 1/1957	3개의 전체 공장 운송에 대한 헝가리와 조선의 국가 간(間) 합의. 낀체쉬(Kincses)를 단장으로 한 헝가리 철강기계산업성(省) 사절단의 조선 방문.
10	002189. 1-4/1957	헝가리-조선의 문화과업 계획.

10	00267.1-8/1958	1958년의 헝가리-조선 문화과업 계획.
10	Sz.n./1958	헝가리-조선의 문화과업 계획에 서명.
10	Sz.n./1958	쇠비늬 얼러다르(Sövény Aladár)의 조선 출국.
10	00112.1/1959	조선으로 헝가리 인사들의 연구출장.
10	001292/1959	헝가리-조선의 협력 조약.
10	001688/1959	1959년도 헝가리-조선의 문화과업 계획.
10	004531/1959 004531/1/1959	1960년도 문화과업 계획.
10	006465/1/1959	헝가리-조선의 문화과업 계획과 관련하여 문화 연구소에서 회의.
10	006622/1959	헝가리-조선의 기술-학술 협력 프로그램.
10	Sz.n./1959	1960-1961년도 수행 예정인 헝가리-조선의 문화협정 과업 계획.
10	025/25/1-93/1955	조선의 협정 초안.
10	028/25/5-1/1956	조선과 체결할 협정 문구.
10	2/25-44/1958	헝가리 라디오 및 텔레비전 방송국과 조선의 라디오 방송국 간(間)의 전(全) 영역에 걸친 협력에 관하여.
10	25/21/1958	조선-헝가리의 문화과업 계획.
10	2/25-45/1959	1960년도 헝가리-조선의 과업 계획.
10	006465/1959	1960년도 헝가리-조선의 과업 계획.
10	2/25-44/1959	1960년도 헝가리-조선의 문화과업 계획.
10	2/25/9-1/1960	헝가리-조선의 학술 협력 협약.
10	2/25/14-1.2/1960	1960년도 헝가리-조선의 문화과업 계획.
10	1/25/17-1/1960	기술 집행 협약 서명.
10	2/25/7-1-3/1961	헝가리-조선의 학술원 과업 계획.
10	2/25/13-1/1961	1961년도 헝가리-조선의 문화과업 계획.
10	2/25/1-1-6/1963	1963년도 헝가리-조선의 학술원 과업 계획.
10	2/25/2-1/1963	남·북한 스포츠위원회 회담에 대해 헝가리 단체에 조선의 지원 요청.

10	2/25/9-1/1963	헝가리-조선의 문화과업 계획 사본.
10	339/1957	조선과 베트남의 과업 계획. 1959년도 헝가리와 조선 양국 간(間) 문화 협력 협약의 시행에 관하여.
11	001186/1960	조선에서 헝가리 공장 건설.
11	004822/1960	1961년도 문화과업 계획 제안.
11	002442.1-3/1961	헝가리-조선의 기술-학술 협력 제3차 회의에 관한 안내. 회의록 승인 및 과업 계획.
11	002503.1-2/1961 007691/1960	조선의 농업성 관료와 1960년도 생산 및 기계화에 대한 대화. 1961년도 농업의 발전과 대중에 대한 보급 향상.
11	003489.1-3/1962 001607.1-4/1961 001401.1-2/1960	1961년, 1962년, 1963년의 헝가리-조선의 문화과업 계획.
11	00388.1-3/1963	1963년도 헝가리-조선의 문화과업 계획 제안.
11	004351/1963	소련-조선의 기술-학술 협력.
11	005456/1963	1963년도 헝가리-조선의 문화과업 계획 및 1964년도 과업 계획 문제.
11	007563/1963	헝가리-조선의 기술-학술 협력 위원회 제4차 회의 회의록 승인에 대한 국제경제관계위원회의 21호 결정문.
11	009242/1962	1962년의 헝가리-조선의 문화 관계들.
11	001766/1964	짐머링(Zimmering) 동독 작가의 조선 방문.
11	001772/1-5/1964	1964년 헝가리-조선의 문화 관계. 요약 보고. 안내문. 문화과업 계획. 1964년도 문화과업 계획에 대한 인지.
11	09787/1952	지난 6개월 간의 조선-소련의 친선협회 과업.

11	25/49-1/1961	조선에서 조선-소련 친선의 달.
11	001258/1952	외무성 보고(농업).
11	01840/4-ig/1952	조선에서 농업 문제.
11	07095/3-5/1953	농업의 현대화 문제.
11	04127/1954	농민 활동가들의 1954년도 총회.
11	08103/2-ig/1954	농업 과업의 상황에 대한 보고.
11	010968/1954	수확 담당 지도부와 만남.
11	010977/1954	조선로동당의 결정문들을 보고.
11	004062/1955	선진 농민 전국 회의.
11	Sz.n./1951 155/Biz.Pol.	조선에서 농업 문제.
11	87/25/1-4/1953	농민 활동가들의 평양 회의.
11	025/25/2-20/1954	번데기 양식.
11	005733/1956	조선에서 관개(灌漑)체계 축조.
11	006049/1955	조선에서 봄의 농업 과업.
11	009572/1955	농업 관련 문제점.
11	004882/1958	조선에서 당과 정부의 농업 정책.
11	001706/1-ig/1959	조선 농업의 1958년 결과들.
11	007680/1960	사회주의 분배 원칙에 대한 적용과 조선에서 이의 지속적인 강화.
11	003633/1961	김일성(Kim Ir Szen) 동지: 농업 발전과 관련된 조선 화학 산업의 과업에 대하여.
11	004110/1962	조선에서 농업 상황.
11	00272/1958	대사(大使)들에게 헝가리 농업의 상황에 대한 요약 안내.
11	25/27-1/1961	조선에서 수확 체계.
11	00470/1-ig/1960	헝가리 협동농장 사절단의 조선 방문.
11	001477/2-ig/1960	헝가리 협동농장 파견단 초청.
11	003573/1960	조선 협동농장 관계자를 헝가리로 초청.
11	002213/1961	헝가리-조선 친선 협동농장.

11	Sz.n./1955	문재수(Mun Cse Szu) 조선 참사의 방문.
11	007226/1956	김일(Kim Ir) 농업상(相) 방문.
11	001698/1959	조선 협동농장 전국 총회.
11	Sz.n./1954	조선의 지불 문제.
11	Sz.n./1955 극동과	문재수(Mun Cse Szu) 참사의 방문.
11	024434/1950	평양에서 공장 방문.
11	08513/1952/1-ig	조선 산업의 당면 문제.
11	09786/1952	담배공장의 축하행사.
11	04624/1953	지하 저장소 축조.
11	09946/1953	경제 관련 보고.
11	011212/1953/4-ig	원산(Vonszan) 방문(사진 포함).
11	011219/1953	노동자들의 근무지 변경에 대해 최고인민회의 의장단의 결정.
11	01204/1954	송림(Szongnim)의 제철소 방문.
11	01206/1954	상업 상황.
11	02830/1954	조선의 중공업 상황.
11	02831/1954	승호리(Szunhori) 시멘트 공장 방문.
11	05192/2-ig/1954	가격과 임금(賃金)의 형성.
11	09428/1954	개인 상업(거래)의 상황.
11	09431/1954	조선의 국가 무역.
11	09432/1954	국내 상업 상황.
11	09478/1954	1954년 7월 28일, 박이완(Pak I Ván) 동지의 발표.
11	09480/1954	조선의 에너지 생산과 계획들.
11	010932/1954	조선의 가격인하에 대한 보고.
11	010969/1954	3/4분기 경제 분야 성과들.
11	Sz.n./1954 극동과	조선에서 중공업의 재건과 발전.
11	Sz.n./1954	조선의 3개년 계획.
11	04128/1954	화학 산업의 주요 생산 관련 자료 및 산업단지.
11	028/25/2-2/1953	조선 내각의 26호 결의.

11	028/25/5-2/1953	국가와 조합의 상업 활동에 대한 수정 법령.
11	028/25/2-3/1955	하기(夏期) 농업 과업과 여름철 농산물류에 대한 수확.
11	1/25/20/1959	조선 노동자들의 임금(賃金) 및 식료품과 의류 제품 가격.
11	1/25-26/1959	국가 농장 "평양(Phenjan)" 방문.
11	1/25/4-2/1963	개인 수당들, 물질적 욕구와 정치적 의식.
11	1/25/13-1/1963	조선 인민경제의 1962년도의 성과들과 1963년도의 과업에 대한 안내.
11	1/25/16-1/1963	조선에서 노동생산성 향상의 문제.
11	1/25/18-1/1963	평양의 케이블 공장 방문.
11	1/25/5-1/1963	조선의 산업에서 임금(賃金) 정산과 물질적 욕구에 대한 안내.
11	1/25/16-1/1964	남포(Napho)의 전기통신 공장 방문.
11	1/25/14-1/1963	남한에서 외국 자본 투자.
11	02189/1953	유럽을 방문한 (조선) 무역상(貿易相)의 보고.
11	012617/1952	유럽을 방문한 (조선) 무역상(貿易相)의 보고.
11	09479/1954	무역상(貿易相)과 대화.
11	011802/1953	9호 열차 물품 목록.
11	020100/1950	조선의 대사관으로부터 도착한 안내 자료 보고.
11	0012603/1952	조선로동당의 과업.
11	09792/1952	당(黨) 학교에서 노동을 강화.
11	012079/1952/1-ig	스탈린(Sztálin) 동지의 새로운 노작에 대한 조선의 반응.
11	012610/1952	조선직업총동맹 평의회와의 관계.
11	02222/1953	조선로동당의 지난 달 과업에 관하여.
11	04632/1953	조선로동당 제5차 총회 자료 분석.
11	04639/1953	소련공산당 제19차 총회에 대한조선의 반응.
11	010642/1-ig/1952	소련공산당 제19차 총회에 대한조선의 반응
11	04648/2-ig/1953	제5차 총회 결의문으로 본 당회의(黨會議) 평가.

11	07093/1953	조선에서 노동절.
11	07102/1953	전쟁 상황에서 지방의 당(黨) 조직들과 적극적인 그 역할.
11	06765/1954	휴전 이후 제1차 3개년 계획 수립까지 직업동맹의 과업.
11	87/25/1-2/1953	조선직업총동맹 평의회의 과업 평가.
11	1/25-12/1957	조선에서 10월 사회주의 혁명 40주년 축하 준비.
11	1/25/34-1/1960	노동자들의 교육, 특히 남한 출신의 간부들의 이념 교육을 위한 공산대학(共産大學, Kommunista egyetemek) 설립.
11	1/25/10-1/1961	조선로동당 제4차 총회 준비.
11	1/25/7-1/1963	조선인민군 당위원회 제5차 총회.
11	1/25/23-1/1963	상무관 기록 보고.
11	1/25/27-1/1963	조선의 국제 관계에 대한 자료들.
11	Sz.n./1965	조선직업총동맹.
11	019063/1950	조선직업총동맹 파견단 환영 점심 만찬에 관한 보고.
11	019084/1950	조선의 외교관들과 대화.
11	3/25/8-1/1963	"사회주의 진영을 수호하자"라는 제목의 기사 번역 보고.
11	Sz.n./1964	조국의 농업에 관한 테제(조선).
12	002170/1952	소련 1등 서기관의 헝가리 공사관 방문.
12	013956/1952	겨울 전염병 예방 캠페인.
12	00339/1953	(조선에서) 인민민주주의 국가들의 병원 상황.
12	00340.1-16/1953	라꼬시(Rákosi) 병원의 과업과 상황.
12	00341/1953	헝가리 병원 원장인 왕(Vang) 박사와 나눈 대화.
12	00986/1953	군인 보건 조직의 몇몇 자료.
12	002308/1953	조선의 보건 문제들.
12	00306/1954	(조선에 있는) 인민민주주의 국가들의 병원 상황.

12	09445/1954	조선의 보건 상황.
12	007682/1960	루마니아의 원조로 설립하는 병원.
12	25/3-1/1962	조선 학자의 발견.
12	0328/1951	조선으로 향하는 의료단의 모스크바 체류.
12	016266/1951	의료단의 베이징 도착.
12	001148/1951	헝가리 의료 사절단의 활동.
12	001198/1951	다른 의료단들에 대한 보고.
12	002546/1951	조선에서 헝가리 의료 사절단의 활동.
12	002573/1951	의료사절단 (임무) 교체.
12	00955/1952	조선으로 향하는 의료단의 모스크바 체류.
12	001248/1952	귀국하는 헝가리 의사들의 베이징 체류.
12	001254.1/1952	헝가리 의료 사절단의 과업.
12	001493.1-2/1952	헝가리 병원과 헝가리 의료단의 과업.
12	001517/1952	조선의 4차 의료단 명단.
12	05391/1952	조선에서 불가리아, 체코슬로바키아, 루마니아 의료단의 활동.
12	012726/1951	체코슬로바키아와 불가리아 의료 사절단의 도착.
12	07077/1951	불가리아 의료 사절단의 조선 도착.
12	06616/1951	체코슬로바키아 의료 사절단의 조선 도착.
12	03481/1951	모스크바 주재 조선 대사관이 헝가리 의료 사절단에 감사를 표하기 위해 헝가리 대사관 관원들을 점식 만찬에 초대.
12	08092/1/1952	"라꼬시 마챠쉬(Rákosi Mátyás)" 야전병원에서의 노동절 행사.
12	010542/1952	조선으로 떠나는 헝가리 의료단.
12	012621.1/1952	라꼬시(Rákosi) 병원에 대해 제작 예정인 다큐멘터리필름.
12	014137/1952	라꼬시 병원(Rákosi kórház)의 생활과 관련된 수기 모음.
12	00824/1953	박헌영(Pak Hen En) 외무상의 방문.

12	00832.1/1953	(조선에 있는) 인민민주주의 국가들의 병원들 상황.
12	001120.1-8/1955	라꼬시(Rákosi) 병원과 관련된 문제들.
12	001123/1955	새로운 의료단 구성 제안.
12	004055/1955	4차 헝가리 의료단의 과업.
12	004326/1955	안영(An Jen) 동지의 사리원(Szorivon) 방문.
12	04644/1953	공관장(公館長)회의를 위해 잠시 귀국한 부다페스트 주재 조선 대사가 (조선 주재) 헝가리 병원을 방문.
12	004706.1/1955	조선의 의료단.
12	006946/1955	께레쓰떼쉬(Keresztes) 동지의 함흥(Hamhün) 방문.
12	006951/1955	박사 필리쁘 게자 부인(Dr. Filipp Gézáné) 건 (件).
12	008009/1955	조선에 있는 라꼬시 마챠쉬(Rákosi Mátyás) 병원 관련 보고 내용(재정 문제 등).
12	008022/1955	소련과 중국의 평화위원회와 헝가리 의료단의 서신 왕래.
12	008024/1955	소련과 중국 동지들의 사리원(Szorivon) 소재 헝가리 병원 방문.
12	008026.1-3/1955	디뜨로이 샨도르(Ditrói Sándor) 박사의 결혼.
12	007030.1/1956	조선이 현재 바르샤바에 있는 "로만(Román)" 동지를 초청-초청 불발.
12	00230.1-2/1958	조선 보건 노동자들에게 서훈(敍勳).
12	003602.1/1957	조선 국적자들에게 서훈(敍勳).
12	00396.1-7/1963	헝가리-조선의 보건 협력 협정.
12	025/25/2-37/1954	337번 공개 전문에 대한 회신.
12	025/25/3-4.5/54	개성의 인삼(Keszon)밭.
12	2/25/14-1/1963	헝가리-조선의 보건 협약 공포.

12	Sz.n./1963	헝가리 정부와 조선 정부 간(間) 보건 협약에 관한 협정.
12	Sz.n./1953	부다페스트에서 출발한 조선의 병원 물자 관련 건(件).
12	Sz.n./1955	조선과 베트남에 의약품 기증.
12	001639/1953	병원으로 운송되는 약제품.
12	02306/1953	조선으로 운송되는 기증품의 운송비.
12	09849.1-4/1952	조선으로 운송되는 기증품의 운송비 지불.
12	01293/1954	헝가리 영사들의 주된 과업들.
12	2/25-36/1958	기뻭스(Gépex, 헝가리 회사명) 근무자들 관련 건(件)에 대한 무역성(貿易省)의 송부 자료.
12	2/25/3-1-6/1960	조선으로 출장을 가는 인사 명단.
12	031836/1951	자료 송부.
12	09458/1953	리승엽(Li Szin Jeb)과 그의 동료 11명의 간첩 활동.
12	0548/1954	빈데르 예뇌(Widder Jenő)와 바찌 로저(Váczi Róza)의 결혼.
12	011290.1/1953	빈데르 예뇌(Widder Jenő)와 바찌 로저(Váczi Róza)의 결혼 관련 건(件).
12	0223/W/11-1-3/1953	빈데르 예뇌(Widder Jenő)와 바찌 로저(Váczi Róza)의 결혼.
12	01256.1-5/1954	뻐쁘 야노쉬(Papp János)의 친자(親子) 부양(扶養).
12	09500.1-3/1953	뻐쁘 야노쉬(Papp János)의 친자(親子) 부양(扶養) 의무(義務).
12	025/25-1/1955	조선으로부터 디뜨로이 샨도르(Ditrói Sándor) 박사와 그의 부인의 귀국.
12	2/12/CO/16-1-4/1960	후견인(後見人) 확인서 보고.
12	0506/1951	조선의 인사(人事) 서신.
12	4/25-4/1958	리비쓰 기저(Révész Géza) 국방상(國防相) 동지에게 보내는 서신.

Box 번호	파일번호	제목
31	81-149	헝가리-조선의 축전과 서신.
31	81-162	국경일 행사에 참가.
31	81-18	평양 주재 헝가리 대사관의 업무일지.
31	81-20	량강(Rjangan)도 방문(혜산-Heszán, 보천보-Pocsonbó).
31	81-52	조선의 차관(借款) 요청 문제.
31	81-53	신의주(Szinidzu)의 인조섬유 공장 방문.
31	81-571	헝가리-조선의 무역 관계.
31	81-65	헝가리-조선의 보건(의료) 관계.
31	81-714	헝가리-조선의 문화 협력, 과업계획.
31	81-717	평양에서 헝가리 전시회.
31	81-730	헝가리 학술원 동양 도서관으로 조선의 도서 송부.
31	81-742	조선어를 읽을 수 있는 사람이 한정되어 있으므로 조선어로 된 조선의 출판물을 헝가리 국립 도서관으로 보내는 것을 취소하고, 대신 외국어로 된 조선 출판물을 송부할 것을 요청.
31	81-81	헝가리-조선의 언론 관계.
31	81-83	헝가리-조선의 라디오 협력.
31	81-86	대사관에서 영화 상영. 조선과 제3국과의 관계. 조선-미국-일본-아프리카 국가들의 일반적인 관계. 동독 의대교수들이 조선으로 연구 방문.

Box 번호	파일번호	제목
27	81-10	조선 외교정책의 입장.
27	81-116	대사관의 근무자 변화.
27	81-138	박성철(Pak Szon Csol) 외무상의 헝가리 초청.
27	81-149	축전 교환.
27	81-15	자동차세(自動車稅) 및 주택세(住宅稅) 면제.
27	81-16	대사관의 행사들(1966년 3월 15일(헝가리의 시민혁명일)-7월 20일).
27	81-162	국경일 기념 행사.
27	81-18	1965년 9월-12월 활동일지.
27	81-52	조선의 1966년 예산.
27	81-53	원산(Vonszán)의 차량공장 방문.
27	81-542	헝가리-조선의 기술 학술 협력 합의서 수정.
27	81-553	쌀 생산 전문가 씰바시 라쓸로 박사(Dr.Szilvássy László)의 조선 연구출장.
27	81-576	헝가리 상무관(商務官)의 서신 사본.
27	81-577	부다페스트 국제 박람회(BNV)에서 조선.
27	81-714	헝가리-조선의 문화협정 연장. 과업 계획 보충.
27	81-732	헝가리-조선의 학술원 과업계획.
27	81-76	예술 관계.
27	81-772	헝가리-조선의 스포츠 관계.
27	81-81	헝가리-조선의 언론 관계. 조선과 제3국의 관계. 조선-쿠바의 일반적인 관계. 조선과 유엔.

Box 번호	파일번호	제목
27	82-10	남한 괴뢰정부의 외교정책. 남한의 인민에게 고함.

1967년 (북한)

Box 번호	파일번호	제목
24	81-101	박성철(Pak Szon Csol)의 연설.
24	81-134	조선 최고인민회의 파견단의 헝가리 방문(1967년 6월 23일-28일).
24	81-135	조선 외무성 부상(副相) 허석태(Ho Szok The)의 방문 프로그램.
24	81-146	다양한 주제로 진행된 대화에 관한 보고들.
24	81-149	축전.
24	81-162	4월 4일(헝가리의 해방절)의 기념일 연회.
24	81-168	서훈(敍勳).
24	81-172	김윤경(Kim Jun Gjang) 조선 지역 사령관의 교통사고.
24	81-23	조선에서 선거 준비.
24	81-260	직업동맹의 관계들.
24	81-27	일본으로부터 조선 국적인들의 귀국. 조선 외무성과 헝가리 외무성 간(間)의 서신 교환.
24	81-41	군사 관계들.
25	81-50	구성(Kuszon)의 공작기계공장 방문.
25	81-52	조선의 1967년 예산.
25	81-55	조선의 농업에 대해.
25	81-571	무역.
25	81-586	헝가리-조선의 관광산업 관계.
25	81-635	평양의 홍수와 관련한 헝가리의 동정(同情) 표현.
25	81-65	헝가리 의료진들의 조선 연구출장.
25	81-71	문화 협력 협정에 따른 1967-1968년 과업 계획에 대한 제안.
25	81-73	학술 관계.

25	81-77	스포츠 관계.
25	81-81	언론 관계.
25	81-999	조선과 제3세계의 관계.
25	81-999	조선-미국.
25	81-V	조선-유엔.
25	81-999	남한-소련.

Box 번호	파일번호	제목
24	81-10	조선 정부의 성명.
24	81-116	신임 대사 임명. 리동선(Li Dong Szon) 조선 신임 대사의 소개 인사 차 방문.
24	81-133	헝가리 정부 파견단의 조선 방문(공항 배웅).
24	81-134	의회 관계.
24	81-138	1968년 조선의 당(黨) 휴양자(休養者) 교류 명단.
24	81-146	방문들을 계기로 하여 양국 간(間)의 각종 현안에 대해 나눈 대화들.
24	81-149	축전.
24	81-162	기념일, 축일.
24	81-225	평양의 인민위원회와 부다페스트 수도 평의회의 관계에 대해.
24	81-23	조선에서 전국 대표자 선거와 지역 선거들.
24	81-249	조선에게 연대(連帶)의 메시지.
24	81-250	조선로동당과 헝가리사회주의노동자당의 관계.
24	81-262	헝가리 여성 파견단의 조선 방문.
25	81-40	군사 관련 건(件).
25	81-41	무관(武官).
25	81-50	생활 수준의 변화.
25	81-52	국가 예산.
25	81-542	헝가리-조선의 기술-학술 협력 위원회 제7차 회의 안건.
25	81-551	헝가리-조선의 농업 협력.
25	81-565	헝가리-조선의 항공 협정.
25	81-65	헝가리-조선의 보건 과업 계획.

25	81-71	헝가리-조선의 문화 협력.
25	81-730	1967-69년 학술원의 과업 계획.
25	81-77	스포츠 관계.
25	81-80	조선과 제3국(國): 조선과 관련된 것에 대한 문제제기. 평양에서 헝가리 특파원 승인.
25	81-999	조선과 제3국(國): 미국.
25	81-999	조선과 제3국(國): 불가리아.
25	81-999	조선과 제3국(國): 체코슬로바키아.
25	81-999	조선과 제3국(國): 남베트남인민해방전선.
25	81-999	조선과 제3국(國): 남한.
25	81-999	조선과 제3국(國): 에티오피아.
25	81-999	조선과 제3국(國): 인도네시아.
25	81-999	조선과 제3국(國): 예멘 민주주의인민공화국.
25	81-999	조선과 제3국(國): 유고슬라비아.
25	81-999	조선과 제3국(國): 쿠바.
25	81-999	조선과 제3국(國): 폴란드.
25	81-999	조선과 제3국(國): 소련.
25	81-999	조선과 제3국(國): 베트남.
25	81-999	조선과 제3국(國): 유엔(UN).

Box 번호	파일번호	제목
25	82-221	남한의 지도자들 명단.
25	82-24	평양의 헝가리 대사관 마당에서 남한의 삐라.
25	82-31	빨치산 활동.
25	82-40	남한의 전쟁 준비에 대한 조선 외무성 대변인의 성명.
25	82-571	남한과의 무역 관계(상업적인 거래) 문제. 남한-유엔.

Box 번호	문서번호	제목
31	200-2	조선민주주의인민공화국 평화수호위원회에 보내는 2편의 전보(電報) 서신(書信).
31	200-3	씨앗 건조 방법 안내.
31	200-7	벤께이 언드라쉬(Benkei András) 내무상에게 보내는 김병하(Kim Bjong Ha) 조선인민안전상의 서신.
31	200-9	헝가리-조선의 기술-학술 위원회 제7차 회의에 관하여.
31	200-12	축전 발송.
31	200-13	조선 국립 민속 공연단에 악보 송부.
31	200-14	벤께이 언드라쉬(Benkei András)에게 보내는 조선인민안전상의 회신 전보.
31	200-15	냉장고 부속 발송.
31	201-2	남한의 통일혁명당 활동에 대한 조선중앙통신의 발표(러시아어).
31	201-3	조선과 남한 출판물 보고.
31	201-4	닉슨(Nixon)의 서유럽 순방과 관련된 노동신문의 기사(러시아어).
31	201-5	조선과 남한 출판물 보고.
31	201-6	"사회주의 경제의 몇몇 이론적인 문제에 대하여"라는 제목의 김일성(Kim Ir Szen)의 논고.
31	201-17	"근로자(Künrodza)"라는 제목의 잡지, "자주(自主)와 프롤레타리아 국제성(國際性)"이라는 제목의 기사.
31	201-19	11월 29일까지 평양에서의 활동일지.
31	201-21	스탈린 탄생 90주년을 맞아 "로동신문"이라는 제목의 일간지와 그 논설.

31	202-3	장학생 머르똔피 페렌쯔(Martonfi Ferenc) 건(件).
31	202-5	머르똔피 페렌쯔(Martonfi Ferenc)의 연구 프로그램 보충.
31	202-6	장학생들 파견.
31	391-1	헝가리-조선의 항공 협상.
31	391-2	헝가리-조선의 항공 협력.
31	394-4	헝가리-조선의 문화 협력.
31	394-5	1969-1970년 문화 관련 과업 계획-조선의 안(案).
32	634-1	차싸르 아꼬쉬(Császár Ákos)의 (조선) 출장 보고.
32	686-3	조선의 농업에 대한 자료.
32	686-6	농업 관련 각종 건(件).
32	816-1	헝가리-조선의 농업 관계.
32	816-2	조선의 경제와 관련한 조선 대외무역성의 안내.
32	1501-1	남한의 통혁당 관련인 선고(宣告)와 관련하여 조선 외무성 언론과(言論科)의 요청.
32	1503-1	남한에 대한 항의 서신.
32	1617-1	푸에블로(Pueblo)의 전(前) 수병(水兵)의 석방과 관련된 문서 보고.
32	1618-1	조선에서 헝가리 언론의 날.
32	1619-1	평양의 전기기관차 공장에서 태안(Teán)의 과업방식 현지 적용에 관한 안내.
32	1620-1	조선직업총동맹의 제4차 총회.
32	1621-1	최현(Cső Hjon) 민족보위상(相)을 소개 인사 차 방문.
32	1622-1	평양에서 부다페스트 주재 조선 대사관 1등 서기관과 만남.
32	1624-1	조선의 경제 상황에 대한 안내.
32	1727-1	조선로동당 중앙위원회 산하(傘下) 인민경제연구소에 대한 정보.
32	1728-1	아프리카-아시아 연대 위원회를 통한 동독-조선의 협력.
32	1729-1	헝가리 대학 교수들의 조선에 대한 경험.
32	1730-1	조선 농업위원회 위원장인 김만금(Kim Man Güm)과 저녁 식사.

32	1731-1	조선 사회주의로동청년동맹(KSZDISZ) 중앙위원회 의장인 오기천(O Gi Cson)과 헝가리 방문에 대한 대화.
32	1732-1	조선 문화계의 몇 가지 당면 문제.
32	1827-1	헝가리소비에트공화국(1919년에 3월부터 약 5개월간 선포 되었던 헝가리 사회주의 소비에트 공화국을 의미) 기념 전 시회 영상과 선전 자료들 송부.
32	1827-2	"작업안전"이라는 제목의 간행물 송부.
32	1844-4	작업안전 학술회의에 초대.
32	1844-5	헝가리-조선의 직업동맹 협력.
32	1907-1	헝가리-조선의 관계와 관련하여 소련 외교관의 방문.
32	1956-1	(해외) 조선인들의 귀국.
32	1956-2	(해외 조선인들의) 귀국-연대(連帶)의 전보(電報)들.
32	1956-2	(해외 조선인들의) 귀국-연대(連帶)의 전보(電報)들.
32	1956-4	헝가리에서 조선을 위한 연대(連帶) 활동.
32	1956-5	김용태(Kim Jong Tai) 구제(救濟)와 관련하여 조선의 대학 교수들에게 전하는 서신.
32	2032-1	안민수(An Min Szu) 대리대사의 방문.
32	2032-3	대사관 직원들의 숙소 시설.
32	2032-4	조선 대사관의 행사들.
32	2032-5	안민수(An Min Szu)의 방문(기록, 파견단 교환).
32	2032-6	안민수(An Min Szu)에게 헝가리 지도자들 명단 제공.
32	2032-7	안민수(An Min Szu) 조선 2등 서기관의 방문.
32	2032-8	안민수(An Min Szu)의 펜들레르 까로이(Fendler Károly) 방문.
32	2032-9	에르디이(Erdélyi)의 극동 출장.
32	2032-10	리동선(Li Dong Szon) 대사의 까더쉬 이슈뜨반(Kádas István) 국장(局長) 방문.
32	2032-11	안민수(An Min Szu)의 방문 관련 자료 송부.
32	2032-12	헝가리-조선의 관계에 대한 리동선(Li Dong Szon) 대사의 발언.
32	2034-1	조선의 보건상(相) 초청.

32	2342-1	조선 대사관의 영화 상영회.
32	Sz.n./1969	1968년의 헝가리-조선의 차관(借款) 합의와 관련된 안내.
32	2582-11	베트남과 조선의 인민교육문화위원회 위원장의 인사에 대한 회신.
32	2755-2	헝가리-조선의 기술-학술 협력의 일반적인 조건들.
32	2755-4	헝가리-조선의 기술-학술 협력과 관련한 헝가리의 요구 사항들.
32	2755-5	어쓰떨로쉬 러요쉬(Asztalos Lajos) 부상(副相)의 초대장 송부.
32	2755-6	헝가리-조선의 기술 학술 협력 제8차 회의록.
32	2824-1	디미늬 임레(Dimény Imre)의 조선 방문.
32	2824-2	디미늬 임레(Dimény Imre)의 조선 방문.
32	2824-3	헝가리-조선의 농업 협력.
32	2895-1	김일성의 생일을 맞아 축하 전문.
32	2941-1	1968년 6월의 차관(借款) 합의문 서명에 관한 안내.
32	3004-1	미국의 도발과 관련한 조선 정부의 성명.
32	3004-2	미 정찰기 격추와 관련한 조선에서의 반향.
32	3331-1	조선-캄보디아의 관계.
32	3334-1	조선 외무성 제2 지역국을 방문.
32	3335-2	조선과 조선로동당 지도자들의 명단 보고.
32	3335-3	조선 지도자들의 명단.
32	3368-1	조선에서 4월 4일(헝가리의 해방절) 축하 행사.
32	3585-5	헝가리-조선의 관계에 대한 조선 평화평의회와 민족전선의 기록물.
32	3585-6	조선 파견단의 방문.
32	3735-2	헝가리-조선의 스포츠 관계(조선의 모형(模型) 기기 대회에 헝가리의 객원 참가).
32	3816-1	헝가리-조선의 보건(保健) 관계.
32	3816-2	헝가리 적십자 제3회 총회에 참가한 조선 파견단에 대한 보고.
32	3816-3	5인으로 구성된 헝가리 의료단을 조선으로 초청.

32	3816-4	의료사절단의 프로그램.
32	3874-1	헝가리-조선의 청년 관계.
32	3953-1	조선의 외교 관계에 대한 보고.
32	3975-1	조선으로 헝가리 국립도서관의 도서 발송.
32	4073-1	평양의 헝가리 대사관 1등 서기관인 꺼르셔이 러요쉬(Karsai Lajos)의 1969년 연차(年次) 보고서.
32	4192-1	헝가리-루마니아의 관계에 대해 팔라토나(Palatona) 루마니아 3등 서기관의 관심.
32	4284-1	조선의 사회 단체들의 성명에 관한 보고.
32	4469-3	조선 인민공연단의 헝가리 초청 무대.
32	4475-1	평양의 헝가리 외교 공관 비서의 교통사고 건(件).
32	5007-2	박성철(Pak Szon Csol)의 헝가리 의사 파견단 접견.
32	5007-3	의료단의 출장 보고.
32	5141-1	조선 정부의 합법성에 대한 조선 학술정보중앙사무처의 회람문.
32	5311-5	헝가리 농업 파견단의 조선 방문에 대하여.
32	5388-1	스물한 살을 맞은 조선에 관한 사진 전시회.
32	5463-1	헝가리 학술원과 조선 학술원 간(間)의 학술 협력 합의서 초안.
32	5463-2	1970-1971년의 학술 분야 합의서와 과업 계획.
32	5880-1	평양 인근의 계란공장 방문.
32	5881-1	조선에서 수매와 농산물 정책에 관한 안내.
32	5882-1	평양 소재 김책 기술 대학교(Kim Csek Műszaki Egyetem) 방문.
32	5883-1	거러이쓰끼(Garajszki)와 에뜨레(Etre) 동지에 대해 조선 외무성의 동료들이 주재(主宰)한 만찬.
32	5884-1	신문기자 벌로거 엘레미르(Balogha Elemér)의 조선 방문.
32	5885-1	헝가리 신문기자 파견단의 조선 방문.
32	6048-2	평양 헝가리 대사의 이임 방문에 대한 코뮤니케.
32	6048-3	세베슈틴 예뇌(Sebestyén Jenő) 대사의 신임장 제정에 대한 언론 발표.

32	6163-1	셰베슈틴 예뇌(Sebestyén Jenő)의 방문 계획 구상.
32	6163-2	셰베슈틴 예뇌(Sebestyén Jenő) 대사의 소개 인사 차 방문에 대한 언론 발표.
32	6507-1	유엔의 조선문제 토의에 대한 조선 외무성의 1969년 11월 19일 성명.
32	6675-2	박성철(Pak Szong Csol) 조선 외무상의 헝가리 방문에 관한 발표.
32	6676-2	조선로동당 중앙위원회 12월 1일의 총회에 관하여.
32	6684-1	헝가리-조선 관계의 간략한 개관.
32	6822-1	태안(Tean)의 전기기기 공장 방문.
32	6899-1	조선 의사파견단의 헝가리 방문과 관련한 요청.
32	6900-1	헝가리-조선 관계의 발전을 위한 조선의 새로운 제안들.
32	6921-1	국제 공산주의와 노동운동의 당면 문제에 대한 김일성(Kim Ir Szen)의 성명.

1970년 (북한)

Box 번호	문서번호	제목
26	131-1	조선 여성파견단의 방문.
26	131-2	관계 발전을 위한 조선의 새로운 제안.
26	131-3	헝가리 여성전국평의회에 보내는 서신(조선 여성파견단의 방문에 관하여).
26	144-6	애국인민전선(HNF)과 전국평화평의회 파견단의 조선 방문에 대하여.
26	315-6	하노이에서 헝가리 시인인 바찌 미하이(Váci Mihály)의 죽음.
26	315-7	조선 사회안전성(社會安全省)의 5월 1일 축전.
26	315-11	서신 전송(轉送).
26	315-14	동독에서 실행된 바르샤바 조약기구 회원국들의 군사훈련에 대한 조선 통신사의 기사(記事).
26	316-5	김일성(Kim Ir Szen)의 이력과 관련한 남한의 반향.
26	316-6	평양의 헝가리 무관, 뜨리즈너 이슈뜨반(Trizna István)의 보고 송부.
26	316-13	조선의 문서자료 송부.
26	316-14	조선의 성명 송부.
26	316-15	조선 정부의 성명과 외교 각서 송부.
26	316-16	조선의 7개년 계획.
26	316-19	조선 라디오위원회 구성과 그 과업. 4개의 편집위원회(국내, 남한, 해외, 텔레비전 편집위원회)로 구성되어 있음.
26	316-21	김일성(Kim Ir Szen)의 총회 보고 송부.
26	317-3	헝가리 장학생들의 상황에 대해 보고 요청.
26	317-4	재(在) 조선 헝가리 장학생들의 상황.

26	404-2	헝가리-조선의 기술-학술 협력 위원회 제8차 회의의 회의록 승인.
26	458-1	조선의 지도자들에게 헝가리 텔레비전 수상기 증정.
26	524-1	박성철(Pak Szong Csol) 조선 외무상의 헝가리 방문에 대한 불가리아의 관심.
26	524-2	한선혁(Han Szun Hjok) 조선 대사관 3등 서기관의 소개 차 방문.
26	524-3	안민수(An Min Szu) 조선 대사관 2등 서기관의 방문.
26	524-4	헝가리-조선의 보건 협력.
26	524-5	조선 대사관의 3등 서기관 방문.
26	524-6	조선 신문기자들의 방문.
26	524-7	김연길(Kim Jun Gil) 조선 대사관 3등 서기관의 방문.
26	524-8	조선 참사의 소개 인사 차 방문.
26	524-9	신임 조선 외교관의 소개 인사 차 방문.
26	524-10	조선의 상황에 대한 조선 대사의 안내.
26	524-11	조선 참사의 재무성(財務省) 방문.
26	524-12	헝가리-조선의 보건 관계.
26	524-13	김덕술(Kim Dok Szol)의 펜들레르 까로이(Fendler Károly) 방문.
26	524-14	안민수(An Min Szu) 조선 외교관의 방문.
27	636-5	헝가리-조선의 스포츠 관계.
27	637-2	노동자근위대를 통한 헝가리-조선의 협력.
27	637-3	노동자근위대를 통한 헝가리-조선의 협력.
27	706-1	일본의 군 예산에 대한 "로동신문"의 기사.
27	1221-2	헝가리-조선의 청년 관계.
27	1321-4	조선을 다녀간 헝가리 학술원 파견단의 출장 보고.
27	1538-4	헝가리-조선의 농업 협력.
27	1538-5	헝가리-조선의 농업 협력 합의서 초안.
27	1538-6	헝가리-조선의 농업 협력 합의서.
27	1538-7	헝가리-조선의 농업 협력.

27	1727-6	평양에서 민족 평의회를 방문한 부다페스트 수도 평의회 사절단의 보고.
27	1728-1	조선의 외교 관계에 대한 보고.
27	1729-1	부다페스트와 평양의 동물원 간(間) 협력 합의서 문제.
27	1730-1	조선로동당 지도자들의 명단.
27	1730-2	조선의 당 및 국가 지도급에 있어서의 변화.
27	1731-1	평양 주재 헝가리 대사관의 활동일지 보고(1969년 11월 21일-12월 31일).
27	1731-2	4월 4일(헝가리의 해방절) 축하 연설들에 대한 보고.
27	1787-1	소련 의사들에 대한 조선 정부의 훈장.
27	1788-1	불가리아-조선의 정부 간(間) 경제자문위원회 창설.
27	1941-2	조선중앙통신의 기밀 공보(公報) 이용.
27	2154-1	조선의 노동자근위대 중앙단 남성 중창단(重唱團)의 헝가리 초청무대.
27	2155-1	조선 의사파견단의 헝가리에서 일정과 그 명단.
27	2289-1	조선의 농민동맹 초대.
27	2516-1	꾸뜨뵐지 병원(Kútvölgyi Kórház)의 의사들에게 박성철(Pak Szong Csol) 조선 외무상(外務相)의 감사 인사.
27	2726-1	직업동맹전국평의회 의장, 가슈빠르 샨도르(Gáspár Sándor)의 조선 초청.
27	2726-2	헝가리-조선의 농림수산업직업동맹 관계.
27	2726-3	헝가리-조선의 직업동맹 관계.
27	2726-4	직업동맹전국평의회 사절단의 조선 방문에 대한 보고.
27	2781-4	1971-1972년 헝가리-조선의 문화과업 계획 제안 발송.
27	2781-5	헝가리-조선의 문화 협력 과업 계획에 서명.
27	3115-1	조선 최고인민회의 의장단 의장인 최용건(Coj Jen Gen)에게 보내는 축전.
27	3115-2	최용건(Coj Jen Gen)의 감사 전문(電文).
27	3610-1	스톡홀름에 조선의 홍보국(弘報局, Information Bureau) 개설.
27	3789-2	조선 정부의 정부 각서와 조선 외무성의 외교 각서.

27	3789-3	조선을 위한 헝가리의 연대 활동.
27	3946-1	평양 대사관의 2등 서기관인 거러이쓰끼 이슈뜨반(Garajszki István)의 보고.
27	3988-1	조선의 두 번째로 큰 국경일(8월 15일)에 관한 행사.
27	3988-2	조선의 국경일(9월 9일).
27	3988-3	축전(祝電)들.
27	3988-4	행사 초청장들.
27	3990-1	조선 지도자들에게 발송해야 할 전문(電文) 제안.
27	3990-5	조선 지도자들의 감사 전문(電文)에 대한 언론 게재.
27	3990-6	조선 지도자들의 감사 전문(電文)에 대한 코뮤니케(조선민주주의인민공화국 수립 22주년을 맞이하여).
27	3990-7	강희원(Kang Hi Von)의 감사 서신.
27	4032-1	남한에 주둔하고 있는 미군의 인원 감축 계획과 관련된 남한의 반향.
27	4042-1	조선의 신임 외무상(外務相)인 허담(Ho Dam)에게 전하는 외무상 뻬떼르 야노쉬(Péter János)의 축전.
27	4087-1	중국 공산당 창건 49주년에 대한 조선로동당 중앙위원회의 일간지("로동신문")의 축하.
27	4294-1	헝가리 축구팀의 조선 초청 시합.
27	4326-1	평양 외교단체의 개성과 판문점 방문.
27	4328-1	꼬슈뜨 출판사(Kossuth Kiadó) 발행의 "인명사전"이라는 출판물과 관련된 조선의 문제제기(김일성의 이력).
27	4385-1	헝가리-조선의 농업 협력 합의서 초안.
27	4445-1	라츠(Rácz) 부상(副相)의 조선 출장 계획.
27	4593-2	헝가리-조선의 보건 협력.
27	4612-1	평양의 헝가리 대사관에서 수행한 과업에 관한 꺼르셔이 러요쉬(Karsai Lajos)의 보고.
27	5033-1	조선에서 대(對) 일본 승리 25주년 기념.
27	5034-1	조선-헝가리의 친선 모임.
27	5091-1	헝가리-조선의 영사(領事) 및 법적 조력(助力) 협정 서명.

27	5117-1	조선로동당 창건 25주년 기념.
27	5149-1	중국 및 조선 문제. /M. Sz. 카피차(Kapica)의 책/
27	5228-1	헝가리-조선의 기술-학술 협력.
27	5228-2	헝가리-조선의 기술-학술 협력.
27	5322-1	평양 주재 헝가리 대사관의 상황에 대한 보고.
27	6070-1	조선에 거주하는 동독 국민들의 상황.

Box 번호	문서번호	제목
28	1221-2	한철(Han Csol), 조선 무관(武官, katonai attaché)의 언론간 담회.
28	1221-3	써보(Szabó) 소장(少將) 동지에게 전하는 신년 축하 서신.
28	1221-4	신년 축하 서신 전송.
28	1221-7	알바니아 정기간행물의 기사(記事) 요약.
28	1221-8	조선과 관련된 통신사(通信社) 자료.
28	1221-9	평양 주재 헝가리 대사관의 보고 사본.
28	1221-10	남한으로 운송되는 미국의 무기(武器).
28	1221-12	안내 자료.
28	1221-16	헝가리-조선의 학술 협력.
28	1221-18	조선 정부의 성명.
28	1221-19	서신-초안.
28	1221-20	직업동맹전국평의회의 축하 전보.
28	1222-2	1970년, 활발한 조선의 외교정책.
28	1222-3	조선중앙통신의 공보(公報) 발송.
28	1222-4	조선의 언론에서 외교정책 관련 기사.
28	1222-6	조선 외무성의 성명.
28	1222-7	조선에서 여성의 상황.
28	1222-8	당(黨) 건설에 관한 조선로동당 중앙위원회의 회보(會報).
28	1222-9	조선 최고인민회의 4월 총회와 남한의 상황에 대한 안내.
28	1222-10	자카르타에서 조선 대사관의 상황.
28	1222-11	도쿄 "조선 대학교"의 서신.
28	1222-12	사절단에 대한 보고.
28	1222-14	김일성(Kim Ir Szen)-혁명의 위대한 지도자.

28	1222-16	남한의 학생운동.
28	1222-17	조선 대사관의 언론 허가 요청에 대한 참조.
28	1222-19	남북 간(間) 적십자 회담.
28	1222-20	조선 대사관의 언론간담회 자료.
28	1222-21	조선 사회주의로동청년동맹 및 조선 학생위원회의 성명(러시아어 자료).
28	1222-22	안내 자료.
29	1418-1	조선의 대리대사로부터 받은 안내.
29	1418-2	조선 대사의 안내.
29	1418-3	조선 외무성의 2월 27일 성명.
29	1418-4	김덕성(Kim Dok Szong) 조선 참사의 방문.
29	1418-5	김덕성(Kim Dok Szong) 조선 참사의 방문.
29	1418-7	김덕성(Kim Dok Szong) 조선 참사의 방문.
29	1418-8	리동선(Li Dong Szon) 대사가 이임방문을 요청.
29	1418-9	김인영(Kim In Jong) 조선 대리대사의 방문.
29	1679-1	1971년 헝가리-조선의 무역 회담에 관한 선(先) 보고.
29	1679-2	헝가리와 조선 정부 간(間) 1971년 물자교환-교역, 그리고 지불에 관한 합의.
29	1679-3	1971년 헝가리-조선의 물자교환-교역 합의에 관한 선(先) 보고.
29	1679-4	계응태(Ké Ung The) 조선 무역상(貿易相)의 헝가리 방문.
29	1679-5	헝가리-조선의 무역 회담에 관하여.
29	1816-3	재(在) 일본 조선인 동맹(조총련)의 활동.
29	1816-4	"해외 조선인 조국통일 대회" 준비.
29	1816-5	조선 적십자사(赤十字社)의 서신 번역.
29	1816-6	재(在) 일본 조선인들의 상황.
29	1816-7	재(在) 일본 조선인 동맹(조총련)의 의장에게 서신.
29	2332-1	1970년의 사절단 활동.
29	2333-1	대사관의 1971년 과업계획.

29	2338-2	보건성(省) 간(間)의 협력 과업 계획 실행과 기술-학술 협력위원회(MTEB)와의 관련.
29	2338-3	헝가리-조선의 보건 협정 실행.
29	2338-4	헝가리-조선의 보건 협정 실행.
29	2339-1	문화과업계획의 헝가리 안(案)에 대해 인지(認知).
29	2339-2	1971-72년, 헝가리-조선의 문화과업계획.
29	2339-3	헝가리-조선의 문화과업계획 실현.
29	2339-6	헝가리-조선의 경제 및 학술-기술 자문 정부 간(間) 위원회 설립에 관한 협약.
29	2440-1	헝가리 학술원 사절단의 과업계획.
29	2440-2	양국 간(間) 학술원의 협정에 의거하여 2주간 체류하는 허저이 라쓸로(Hazai László)와 리뜨바리 라쓸로(Rétvári László)의 과업 계획.
29	2440-3	헝가리-조선의 학술원 협력.
29	2667-1	조선의 스포츠 위원회에 보내는 헝가리 군민(軍民)스포츠 연맹(MHSZ)의 서신.
29	3128-1	조선이 헝가리 여행객을 수용하는 것을 제안.
29	3171-1	헝가리-조선의 경제 위원회 설립.
29	3293-1	조선의 해당 기관 총회에 공산주의청년동맹(KISZ) 사절단의 초청.
29	3293-2	조선 사회주의로동청년동맹 제6차 총회에 헝가리 공산주의청년동맹 파견단 초청.
29	3293-3	공산주의청년동맹의 조선과의 연대(連帶) 행사들.
29	3293-4	조선 사회주의로동청년동맹 제6차 총회에 참가한 해외 파견단의 명단.
29	3293-5	공산주의청년동맹 사절단의 조선 방문 보고.
29	3500-1	헝가리-조선의 직업동맹의 협력.
29	3546-1	디미늬(Dimény) 동지에게 보내는 서신 보고.
29	3546-4	조선 농업위원회의 요청.
29	3547-1	조국수호해방전쟁박물관 방문.

29	3548-1	청산리 협동농장 방문.
29	3549-1	거러이쓰끼(Garajszki) 동지의 보고.
29	3552-3	절꺼 미끌로쉬(Zalka Miklós)의 기사(記事).
29	3567-1	일본 독점자본의 남한 침투.
29	3568-1	조선 사람들의 생활과 의견에 관한 정보.
29	4199-2	조선의 지도급 인사 의전 명단을 발송.
29	4200-1	조선에서 헝가리 해방 26주년 축하 행사.
29	4200-2	1971년 4월 4일(헝가리의 해방절)과 관련된 평양에서의 연설.
29	4269-1	포크 예뇌(Fock Jenő)의 재선(再選)을 맞이하여 조선의 수상 김일성(Kim Ir Szen)의 축하 전보.
29	4269-20	로숀치 빨(Losonczi Pál)의 재선(再選)을 맞이하여 조선인민회의 의장 최용건(Coj Jen Gen)의 축하 전보.
29	4269-3	어쁘로 언떨(Apró Antal)에게 조선 최고인민회의 의장 백남은(Pek Nam Un)의 축하 인사.
29	4833-1	조선의 연대(連帶) 행사.
29	4833-2	너지까떠(Nagykáta)에서 조선-헝가리의 친선 모임.
29	5043-1	조선 외무상 허담(Ho Dám)에게 삐떼르 야노쉬(Péter János)의 축하 전보.
29	5043-2	조선 최고인민회의 의장 백남은(Pek Nam Un)에게 어쁘로 언떨(Apró Antal)의 축하 인사.
29	5043-3	조선의 지도자들에게 보내는 헝가리 지도자들의 축하 전보.
29	5043-5	(조선민주주의인민공화국 수립 23주년을 맞아 헝가리에서 보내준 축하에 대해) 조선 지도자들의 감사 전보.
29	5220-1	IPU(국제의원연맹)에 조선 가입 신청.
29	5257-1	로숀치 빨(Losonczi Pál)의 조선 방문 준비.
29	5257-2	로숀치 빨(Losonczi Pál)의 조선 방문 준비.
29	5257-3	최용건(Coj Jen Gen)의 1959년 헝가리 방문.
29	5257-4	로숀치 빨(Losonczi Pál)의 조선 방문에 관한 안내.
29	5257-6	로숀치 빨(Losonczi Pál)의 방문 예정 공표에 관한 제안.

29	5257-7	부다페스트에서 평양까지, 그리고 귀국 여정.
29	5257-5	조선으로 향하는 비행기 안, 소련 상공(上空)에서 소련 최고 평의회 의장인 뽀드고르니이(Podgornij)에게 전하는 로숀치 빨(Losonczi Pál)의 축하 인사.
29	5257-8	코뮤니케-초안.
29	5257-9	여행 중 경유하게 되는 소련의 도시들과 조선의 지역에 관한 안내.
29	5257-10	여권 송부.
29	5257-11	조선의 기관에서 수여 예정인 깃발의 문구.
29	5257-12	로숀치 빨(Losonczi Pál)이 평양에서 헌정할 꽃다발 문구 제안.
29	5257-13	대규모 군중 집회의 깃발 문구 제안-로숀치 빨(Losonczi Pál)의 조선 방문 시(時).
29	5257-14	로숀치 빨(Losonczi Pál)의 특별기(特別機) 비행 시간과 거리.
29	5257-15	"인민해방(Népszabadság)" 지(紙)에서 로숀치 빨(Losonczi Pál)의 조선 방문에 대한 반응.
29	5257-16	로숀치 빨(Losonczi Pál)의 조선에서 프로그램과 기증품 리스트.
29	5257-17	로숀치 빨(Losonczi Pál)의 언론 홍보 계획.
29	5257-18	조선 관련 기사들.
29	5265-1	조선 문화 파견단의 헝가리 방문에 관한 요약.
29	6354-1	9월의 조선의 연중 기념일들.
29	5448-1	교육 파견단의 조선 방문.
29	5520-1	헝가리 대외무역성(省) 산하(傘下) 관세정책 및 국제단체국(局)에서 발행한 "비(非)사회주의국가의 무역정책 정보"(자료 중 일부 남한 관련 부분 있음).
29	5520-2	조선 대사관에 전해질 각서 초안(남한의 입장과 관련하여).
29	5788-1	조선의 라디오 및 텔레비전 파견단의 헝가리 방문.
29	5788-2	조선의 라디오 및 텔레비전 파견단의 헝가리 방문.
29	5788-3	조선의 라디오 및 텔레비전 파견단의 헝가리 방문.

29	5841-1	조선에서 콜롬비아 의회 파견단.
29	5862-1	계응태(Ké Ung The)의 헝가리 방문.
29	5895-1	조선 지도자들의 명단.
29	5916-1	헝가리에서 조선의 사진 전시회 준비.
29	5998-1	조전(弔電) 발송 제안.
29	6048-1	베이징의 버런치 디네쉬(Baracs Dénes)가 판문점의 남북 적십자회담 보도를 위해 평양을 방문할 것에 대한 제안.
29	6109-1	루마니아 인민군대 예술공연단의 조선 초청 무대.
29	6113-1	미곡(Migok)의 협동농장 방문.
29	6226-1	(헝가리 무역성) 1972년, 헝가리-조선의 물자교환-교역 합의.
29	6226-2	1972년의 물자교환-교역 회담.
29	6341-1	버리티(Barity) 동지로부터 전해질 서신 제안.
29	6660-1	헝가리-조선의 외교 관계 수립 기념일 축하 행사.
29	6661-1	인민경제대학 방문.
29	6730-1	조선 대사의 초청에 대한 회신 제안.

Box 번호	문서번호	제목
31	624-7	박성철(Pak Szong Csol)의 헝가리 방문 프로그램.
31	624-11	헝가리-조선의 정부 간(間) 경제 위원회.
31	624-12	조선의 공동성명.
31	624-18	유엔 관련 문서들.
31	625-2	평양 주재 헝가리 대사관의 과업계획.
31	625-3	김일성(Kim Ir Szen)-인터뷰 발송.
31	625-4	조선에서 식료품 가격 변화.
31	625-5	헝가리 학술원 연구 사절단의 보고.
31	625-7	조선 외무성의 성명.
31	625-9	평양의 "피바다(Phibada)" 극단의 모스크바 초청 공연.
31	625-12	"근로자(Künrodza)"에 실린 김영남(Kim Jong Nam) 기사(記事) 보고.
31	625-13	인도차이나 반도의 민족 지도자 정상회담 2주년을 맞아 마련된 리셉션에서 시아누크(Szihanuk)의 연설.
31	625-14	남한의 외교 공관들.
31	625-15	소말리아 대통령 환영 리셉션에서 김일성의 건배사(乾杯辭).
31	625-16	일본의 사회주의자 시장(市長) 파견단과 나눈 김일성의 대화(러시아어).
31	625-16	헝가리-조선의 군사 회의에서 헝가리 측의 연설.
31	625-17	남한 관련 자료들.
31	625-18	조선의 안내 자료들.
31	625-19	남북공동성명 관련 버마의 언론 반응에 대한 버마 대사관의 보고.
31	625-20	로마 주재 남한 대사관의 안내 자료.

31	625-21	런던 주재 남한 대사관의 안내 자료.
31	625-22	조선 보건성(省)의 안내.
31	626-2	김일성 대학교(Kim Ir Szen egyetem)에서 해외 장학생들.
31	904-1	대사관의 신임(新任) 1등 서기관, 김연길(Kim Jun Gil)의 소개 인사 차 방문.
31	904-2	에뻬례시 라쓸로 박사(Dr. Eperjesi László)의 소개 인사차 방문.
31	904-3	김연길(Kim Jun Gil) 1등 서기관의 방문.
31	904-4	부다페스트 주재 박경순(Pak Gjon Szun) 조선 대사와 푼차기인 사그다르쉬렌(Puncagijn Sagdarszüren) 몽고 대사가 소개 인사 차 헝가리 보건성(省)을 방문함.
31	904-5	헝가리-조선의 경제 관계.
31	904-6	조선 외교관의 방문.
31	904-7	대사관 참사, 김덕성(Kim Dok Szong)의 방문.
31	904-8	김덕성(Kim Dok Szong) 참사의 방문.
31	904-9	박경순(Pak Gjon Szun) 대사의 방문.
31	904-10	안기선(An Gi Szon) 참사의 방문.
31	904-11	네덜란드 의회 상원 의장에게 전하는 조선 최고인민회의 의장의 서한.
31	904-12	조선 대사의 깔러이 쥴러(Kállai Gyula) 방문.
31	904-13	외교관, 김연길(Kim Jun Gil)의 방문.
32	905-2	문화 계획-제안.
32	905-3	문화과업계획.
32	905-4	문화과업계획.
32	905-5	문화 관계.
32	905-6	헝가리-조선의 문화과업계획의 1972년 추가 회의록.
32	905-7	헝가리-조선의 문화과업계획 추가 회의록.
32	905-8	문화과업계획 달성에 관하여.
32	906-2	의전 명단 발송.
32	906-4	헝가리인민공화국 대사관의 1971년 활동일지 보고.

32	906-6	헝가리인민공화국 대사관의 4월 업무일지.
32	907-1	조선의 지도자들에게 보내는 헝가리 지도자들의 축하 전보.
32	907-2	최고인민회의 의장인 백남운(Pek Nam Un)에게 보내는 어쁘로 언떨(Apró Antal)의 축하 전보.
32	907-3	조선 외무상에게 보내는 뻬떼르 야노쉬(Péter János)의 축하 전보.
32	908-2	6월 30일 현재 1972년 헝가리-조선의 물자교환, 교역 및 차관(借款) 합의 상황.
32	908-3	조선의 차관(借款) 목록.
32	1047-4	김일성(Kim Ir Szen)의 제60회 생일을 맞아 축하 전문(電文).
32	1146-1	신년 축하 전문에 대한 회신 제안.
32	1152-1	조선 농업 파견단의 헝가리 방문.
32	1152-2	헝가리-조선의 농업 관계.
32	1152-3	헝가리-조선의 농업 관계.
32	1293-1	남한의 상황과 조선의 통일 정책에 대한 김일성(Kim Ir Szen)의 신년사.
32	1293-2	김일성(Kim Ir Szen)의 신년 메시지.
32	1293-3	김일성(Kim Ir Szen)의 "요미우리 신문"과의 인터뷰.
32	1299-1	신임 조선 대사의 약력.
32	1299-2	박경순(Pak Gjon Szun) 대사의 신임장 제정 시, 헝가리 측 발언 제안.
32	1299-3	신임 조선 대사의 신임장 제정 시, 전할 발언에 대한 언론 기사.
32	1375-1	조선 농업근로자동맹 제2차 총회 소집.
32	1375-2	조선 농업근로자동맹 제2차 총회에 부치는 조선로동당 중앙위원회의 서신.
32	1375-3	조선 농업근로자동맹 제2차 총회.
32	1504-1	조선 고등교육의 상황에 대한 안내.
32	1505-3	남북 적십자 회담.
32	1505-4	남북 적십자사의 관계.

32	1505-5	평양의 회의에 부치는 헝가리 접십자사의 전문.
32	1505-6	남한 적십자사 안내.
32	1505-7	남북 간(間)에 진행되는 회담에 대하여.
32	1505-8	조선의 적십자 회담.
32	1505-9	적십자 회담에 관한 안내.
32	1505-10	남한 적십자사 안내.
32	1506-1	남한의 기사(記事) 번역.
32	1507-1	조선에서 대중교육의 상황.
32	1914-1	헝가리-조선의 스포츠 관계.
32	1914-2	헝가리-조선의 스포츠 관계.
32	1914-3	헝가리-조선의 스포츠 관계.
32	1914-4	헝가리-조선의 스포츠 관계.
32	1914-5	헝가리-조선의 스포츠 관계.
32	1914-6	조선을 방문하는 헝가리 탁구팀의 준비에 관하여.
32	1967-1	박성철(Pak Szong Csol)을 단장으로 한 정부 파견단의 방문 준비 계획.
32	1967-2	페히르 러요쉬(Fehér Lajos)의 건배사(안(案)).
32	1967-4	조선 정부 파견단의 방문에 관한 발표.
32	1967-5	박성철(Pak Szong Csol)의 1969년 방문에 관한 "인민해방 (Népszabadság)"지(紙)의 기사.
32	2040-1	씰리 기저(Szili Géza) 중공업성(省) 부상(副相)을 단장으로 한 파견단 프로그램에 대해.
32	2040-2	조선으로 떠나는 사절단의 프로그램 준비.
32	2040-3	김하종(Kim Há Zong) 참사와 나눈 대화에 관한 기록.
32	2040-4	씰리 기저(Szili Géza)를 단장으로 한 사절단의 방문.
32	2040-5	평양으로 보내는 특송(特送) 우편물.
32	2040-7	씰리 기저(Szili Géza)를 단장으로 한 사절단의 방문.
32	2040-8	헝가리-조선의 경제 협력.
32	2430-1	헝가리-조선의 보건 협력.
32	2430-2	헝가리-조선의 보건 관계 및 협력 과업계획.

32	2711-1	허담(Ho Dám)의 체코슬로바키아 방문에 관한 발표.
32	2725-1	조선 직업총동맹 지도자의 안내.
32	2725-2	조선 직업총동맹 제5차 총회.
32	2726-1	조선의 인민경제 관련 자료들.
32	2731-1	에뻬례시 라쓸로 박사(Dr. Eperjesi László)의 소개 인사 차 방문.
32	2733-1	헝가리인민공화국 대사관의 1월 업무일지.
32	2733-2	2월 업무일지.
32	2733-3	3월 업무일지.
32	2733-4	5월 업무일지.
32	2733-5	6월 업무일지.
32	2733-6	7월 업무일지.
32	2733-7	8월 업무일지.
32	2733-8	9월 업무일지.
32	3278-1	조선직업총동맹 리스트.
32	3280-2	조선 대사관의 리셉션에 참가.
32	3303-1	조선 지도자들에 관한 정보.
32	3333-1	조선으로 출국하는 헝가리 군인 파견단의 준비.
32	3333-2	헝가리-조선의 관계.
32	3374-1	외무성에 전한 직업동맹 전국평의회의 서신.
32	3374-2	헝가리-조선의 직업동맹의 관계.
32	3374-6	헝가리-조선의 직업동맹 간(間)의 대화.
32	4114-1	헝가리-조선의 관계에 대해 보건성(省) 및 중공업성(重工業省)에서의 대화.
32	4128-1	거러이쓰끼 이슈뜨반(Garajszki István)의 과업에 관한 보고.
32	4129-1	조선의 서점들에서 조선인들에게만 서적을 판매하고, 외국인들에게는 판매하지 않음.
32	4152-1	헝가리-조선의 보건 협력.
32	4153-1	조선 민주여성동맹 제4차 총회.
32	4310-1	청년 및 경제 분야에서 헝가리-조선의 관계.

32	4311-1	헝가리-조선의 경제 및 학술-기술 자문 정부 간(間) 위원회의 전문가 회의.
32	4311-2	헝가리-조선 자문위원회의 조선 측 위원 요구사항들.
32	4311-3	헝가리-조선의 협력 위원회 준비 자료.
32	4311-4	헝가리-조선 자문위원회의 준비 자료.
32	4311-5	경제 회의에서의 건배사.
32	4311-6	헝가리-조선의 기술-학술 협력 소위원회 회의록.
32	4311-9	씰리 기저(Szili Géza)의 요청서.
32	4315-1	헝가리에서 치료 중인 조선 고위 지도자의 자녀.
32	4335-1	조선으로 처또르더이 까로이(Csatordai Károly)의 휴양 준비.
32	4372-1	헝가리-조선의 농업 관계.
32	4373-1	김일성(Kim Ir Szen)의 새로운 "혁명 이론".
32	4311-7	헝가리-조선의 경제 및 학술-기술 자문 정부 간(間) 위원회 제1차 회의에 관한 회의록.
32	4311-8	조선에 대한 헝가리의 차관(借款).
33	4418-1	헝가리-조선의 무역 관계.
33	4470-2	평양에서 헝가리 미술 전시회.
33	4470-3	미술 전시회에 관한 보고.
33	4699-2	리만석(Li Man Szok) 조선 외무성 부상(副相)의 방문 준비.
33	4934-1	조선과 일본의 경제 관계.
33	4941-1	휴양단(休養團) 상호방문에 대한 조선의 제안.
33	5020-1	남북공동성명의 조선 내(內) 논평.
33	5020-2	남북공동성명.
33	5020-3	남북공동성명의 조선 내 논평.
33	5020-4	남북공동성명에 대한 남한의 논평.
33	5020-5	남북공동성명.
33	5032-1	헝가리-조선의 경제 관계.
33	5311-1	"지금의 조선(Jelenkori Korea)"이라는 제목의 헝가리어 서적 출판.
33	5311-2	"지금의 조선(Jelenkori Korea)"이라는 제목의 헝가리어 서적 출판.

33	5331-1	남북공동성명의 각 항목에 대한 "로동신문"의 기사들.
33	5353-1	UN 자료. 남북한의 의원(議員)들을 초청하여 조선문제를 토의할 것에 대한 결의(決議) 초안(草案)(러시아어).
33	5537-1	교역관계 수립을 위한 남한의 제안.
33	5537-2	헝가리-남한의 교역을 위해 관광목적으로 입국한 오스트리아 인(人)과 관련하여 조선 측에 안내할 것에 대한 제안.
33	5537-3	남한의 제안에 대한 조선 대사관의 안내.
33	5538-1	조선로동당의 이념 체계.
33	5544-1	량강도(Rjangang tartomány)로 외교 단체의 여행.
33	5545-1	소련-조선의 문화 관계.
33	5591-1	헝가리 적십자사의 이산(離散) 가족 찾기 서비스 운용에 관하여 부다페스트 주재 조선 대사관의 정보 요청.
33	5591-2	조선 적십자사(赤十字社)의 회담.
33	5591-3	조선 적십자사(赤十字社)의 회담에 관한 안내.
33	5670-1	교통 사고로 심각한 부상을 겪은 부다페스트 주재 조선 대사관 근무자 건(件).
33	5857-1	조선의 과일생산 전문가 파견단의 방문.
33	5857-2	헝가리-조선의 농업 관계.
33	6197-1	평양 방문에 관한 버러취 디네쉬(Baracs Dénes)의 출장 보고.
33	6197-2	버러취 디네쉬(Baracs Dénes)의 조선 보고.
33	6197-3	버러취 디네쉬(Baracs Dénes) 조선 방문 기념 만찬.
33	6198-2	조선의 농업 파견단 프로그램.
33	6235-1	남한 적십자사의 서신에 관한 소련 대사관의 안내.
33	6236-1	조선 정부의 성명.
33	6314-1	헝가리통신사의 9월 21일 기밀 안내문 첨부 자료.
33	6373-1	조선 지도자들의 감사 전문(電文).
33	6373-2	축하 전문(電文)의 내용.
33	6400-1	중국-일본의 관계 정상화에 대한 조선의 반응.
33	6401-1	남한-중국의 관계에 대한 남한 야당 정치인의 발언.
33	6635-1	사회주의 국가들과 관계수립을 위한 남한의 제안.

33	6759-1	조선의 외무관계와 남북대화에 관한 정보.
33	6761-1	조선로동당 당원 수(數)에 관한 자료.
33	6762-1	조선의 부분적 생활수준 및 사회보장정책 자료에 관한 보고.
33	6832-1	김일성(Kim Ir Szen) 노작들로부터 인용.
33	6995-1	조선로동당 중앙위원회 총회에 관해.
33	6996-1	류전식(Ju Dzsan Szik)에 관한 정보.
33	7342-1	헝가리인민공화국과 조선민주주의인민공화국 간(間) 1973년 물자교환, 교역 및 지불에 관한 합의.
33	7609-1	조선과 중국의 기술-학술 협력 관련 주제에 대한 안내.
33	7626-1	헝가리-조선의 문화과업계획 회담과 외무성의 참여에 대한 제안.
33	7653-1	소련 파견단과 관련된 정보.
33	7654-1	일본-조선의 문화 관련 합의.
33	7655-1	남북 간(間)의 스포츠와 문화 관계.
33	7656-1	조선의 인구 증가.
33	7657-1	외국인과 관련된 의무 보험.
33	7658-1	헝가리-조선의 외교 관계 수립 24주년 기념.
33	7659-1	김시학(Kim Si Hak)의 헝가리 방문.
33	7681-1	남한의 경제 상황을 다룬 자료 보고.
33	7682-1	헝가리-조선의 무역 회담.
33	7683-1	조선에서 10월 대혁명 제55주년 기념.
33	7862-2	조선 정치인들의 재선(再選)에 대한 공개 코뮤니케.
33	8014-2	조선 정치인들의 재선을 축하하는 헝가리 지도자들의 전문들.

Box 번호	문서번호	제목
30	831-1	조선의 지도자들에게 축하 카드 발송.
30	831-2	사회안전상(社會安全相)과 국경수비대 총사령관의 신년 축하 인사.
30	831-9	조선민주주의인민공화국 수립 제25주년을 맞이한 축하 전문.
30	832-2	조선의 언론에서 남한을 비판하는 기사들.
30	832-3	"토론토 스타"(Toronto Star, 캐나다 일간지)의 기사 송부.
30	832-4	조선의 언론("로동신문")에서 헝가리 언론인, 네메쉬(Nemes)의 조선 방문기(訪問記)에 대한 기사 요약(기사 제목-조선은 세계에서 가장 자주적인 나라).
30	832-6	포크 예뇌(Fock Jenő)에게 전하는 조총련 의장의 신년 축하 인사.
30	832-7	평양에서 이념(理念) 관련 기사 전송.
30	832-10	헝가리-조선의 관계와 연관된 1973년 상반기 파견단의 교환 방문.
30	832-15	마오쩌뚱(Mao Ce-Tung)의 1949년 논고 중 하나를 조선어로 출판.
30	832-16	주체사상을 다루는 러시아어, 불어, 독일어로 된 자료들을 전송.
30	832-18	부다페스트 주재 조선 대사관의 안내 자료.
30	832-21	남한 안내 자료 송부.
30	832-22	원산(Vonszan)에서 김일성(Kim Ir Szen)의 연설.
30	832-23	남한의 출판물들.
30	832-25	남한의 선전선동 보고.

30	832-26	출판물 보고.
30	834-1	제안-초안 보고.
30	834-2	조선의 국경일을 맞아 조선의 지도자들에게 보내는 헝가리 지도자들의 축하 전보.
30	834-3	축하 전보 발송 제안.
30	834-4	축하 전보 발송 제안.
30	834-5	조선 대사의 8월 15일 기념 리셉션.
30	834-6	조선민주주의인민공화국 수립 25주년을 맞아 헝가리에서의 기념행사와 관련한 조선의 구상.
30	835-1	연중 기념일 추가.
30	835-2	조선 외무성에서 조직 변화.
30	835-3	1973년 상반기 조선의 "외교 공세" 기간 동안 외국을 방문한 조선 방문자들의 명단과 방문국들.
30	835-4	의전 회의.
30	835-5	공장 방문에 관한 보고.
30	836-2	이력서들.
30	836-3	조선의 외교관계 수립 일시에 대한 보고.
30	836-5	의전 명단.
30	837-1	안기성(An Gi Szon) 조선 대리대사의 방문.
30	837-2	김윤길(Kim Jun Gil) 조선 1등 서기관의 방문.
30	837-3	조선 외교관들의 문화관계연구소 방문.
30	837-4	안기성(Kim Jun Gil) 조선 대리대사의 방문.
30	837-5	조선 최고인민회의의 네덜란드 방문.
30	837-6	정영철(Csong Jong Csol) 조선 참사의 소개 인사 차 방문.
30	837-7	부다페스트 주재 조선 대사의 방문.
30	837-8	안기성(An Gi Szon) 참사의 방문.
30	837-9	부다페스트 주재 조선 대사의 방문.
30	837-10	조선 대사관의 참사 방문.
30	837-11	안기성(An Gi Szon) 조선 참사의 방문.
30	837-12	조선의 참사, 안(An)의 방문.

30	837-13	부다페스트 주재 조선 대사관의 참사 방문.
30	837-14	안기성(An Gi Szon) 조선 참사의 방문.
30	837-16	부다페스트 주재 조선 대사관의 참사 방문.
30	837-17	안기성(An Gi Szon) 조선 참사의 방문.
30	837-18	안기성(An Gi Szon)의 방문.
30	837-19	안기성(An Gi Szon)의 방문.
30	838-1	연대(連帶)의 달.
30	1292-1	헝가리-조선의 1973년 스포츠 사절단 교환 합의 회의록.
30	1292-2	헝가리 탁구 대표팀 제2군의 조선 초청 친선 경기.
30	1449-1	조선의 적십자 회담에 관한 안내.
30	1449-2	제6차 적십자 회담에 관한 안내.
30	1449-3	부다페스트 주재 조선 대사관의 안내.
30	1520-1	전준택(Dzon Dzun Thek) 사망에 대한 조전(弔電).
30	1604-1	조선인민군 창설 제25주년.
30	1604-2	헝가리에서 조선민주주의인민공화국 수립 제25주년 축하 준비.
30	1604-3	조선민주주의인민공화국 수립 제25주년을 맞아 개최되는 집회에서 예정된 써보 졸딴 박사(Dr. Szabó Zoltán)의 연설 제안.
30	1604-4	조선민주주의인민공화국 수립 제25주년을 맞아 개최되는 축하 영화상영회에서 부다페스트 주재 조선 대사의 참가.
30	1604-6	조선의 국경일 리셉션 참가에 대한 3365/73호 정부 결정문.
30	1604-7	부다페스트 주재 조선 대사관의 안내 자료.
30	1604-8	조선민주주의인민공화국 수립 제25주년을 맞아 헝가리 지도자들의 축하 전보.
30	1604-9	조선 대사의 연설.
30	1604-10	조선의 25년간 발전에 대한 소련의 기사.
30	1604-11	조선 지도자들의 축하 전보에 대한 코뮤니케.
30	1605-1	헝가리 지도자들에게 전하는 조선 지도자들의 전보.
30	1620-2	헝가리-조선의 보건 관계.

30	1620-6	조선의 보건 정책과 상황에 대한 안내.
30	1620-9	헝가리-조선의 보건 협력.
30	1726-1	헝가리사회주의노동자당 설립 제50주년을 맞아 조선의 축하행사.
30	1916-1	헝가리신문기자전국연합 파견단의 평양 방문.
30	2200-1	코뮤니케 초안.
30	2376-1	헝가리와 조선의 소년단 조직 관계.
30	2380-1	1972년 헝가리-조선의 물자교환-교역.
30	2383-1	조선중앙통계청 청장을 방문.
30	2383-2	헝가리와 조선의 통계청 간(間) 협력.
30	2384-1	헝가리-조선의 농업 관계와 조선의 농업에 대해서.
30	2384-2	조선 농업근로자동맹 방문.
30	2384-3	헝가리-조선의 농업 관계.
30	2384-4	헝가리-조선의 농업 협력.
30	2385-1	일본에서 조선의 경제 파견단.
30	2385-2	조선-일본 상공회의소 회원사 간(間) 상업적 교역량의 대폭 증가.
30	2386-1	조절위원회 회의 이후 이후락(Li Hu Rak)의 언론간담회.
30	2388-1	조선에서 소비에트연방공화국 수립 제50주년 축하 행사.
30	2678-1	김석기(Kim Szok Ki) 조선 교육상이 이끈 문화 파견단이 알바니아 방문 시 부다페스트 경유.
30	2860-1	조선 정무원 부총리 허담(Ho-Dám)에게 전하는 축하 전보.
30	3187-3	코뮤니케.
30	3187-4	홀러이(Hollai)의 조선 방문과 관련한 조선의 언론.
30	3407-1	조선 외무성 대변인의 성명.
30	3407-2	조선 외무성의 각서 발송.
30	3644-2	1973-74년, 헝가리-조선의 문화과업계획.
30	3660-1	국가 통일 문제에 대한 조선의 의견.
30	3660-2	남북 간(間) 평화조약에 대한 조선의 의견.
30	3661-1	조선의 국가 조직 체계에 관한 자료들.

30	3662-1	조선의 주요 생산 관련 자료들.
30	3662-2	조선에서 인민에 대한 물자공급의 부족.
30	3662-3	조선 산업의 발전에 관한 예측.
30	3663-1	국제 단체를 통한 조선의 일부 새로운 제안들.
30	3664-1	지도(地圖) 사본 발송.
30	3665-1	남한의 주요 경제 자료들.
30	3665-2	남한의 경제적 생활에 대한 자료들.
30	3665-3	남한의 대외 경제 관계들.
30	3665-4	남한의 경제 자료들.
30	3661-1	판문점 중립국감독위원회 폴란드 감독관인 저두러(Dzadura) 여단장이 소개 인사 차 셰베슈틴(Sebestyén) 방문(미군의 초청으로 조선 측에 알리지 않고 남한을 방문).
30	3666-2	조선의 정전(停戰)군사위원회 창설 기념일 행사.
30	3667-1	조선의 수산업.
30	3668-1	조선의 인민경제 자료들.
30	3669-1	사회주의 국가들의 조선에 대한 차관(借款).
31		남한 안내 자료 보고.
31	3719-1	사라예보 세계 선수권대회를 맞아 조선 탁구 국가대표단에 대하여 헝가리에서의 준비.
31	3970-1	전 세계의 의회에 전하는 조선최고인민회의의 서신.
31	4214-1	헝가리 언론이 서방 통신사 등을 통해 얻은 남한과 관련된 소식을 여과 없이 전하는 것에 관하여 조선 측에서 인지하고 문제를 제기.
31	4216-1	알바니아-조선의 관계.
31	4217-1	남북조절위원회 제2차 회의에 관한 안내.
31	4218-1	루마니아-조선의 친선 협회.
31	4219-1	조선로동당 중앙위원회의 국제과 방문.
31	4220-1	조선 청년 사절단의 헝가리 방문.
31	4224-1	헝가리 여성전국평의회에 대한 조선의 초청.
31	4224-2	헝가리 여성전국평의회 사절단의 조선 방문.

31	4224-3	헝가리-조선의 여성단체 관계.
31	4224-4	헝가리 여성사절단의 조선 방문.
31	4541-1	조선 최고인민회의 의장에게 어쁘로 언떨(Apró Antal)의 회신.
31	4658-1	조선에서 외국인 관광객 현황.
31	4659-1	박사 떠러버 야노쉬(Dr. Taraba János) 참사의 연차(年次) 보고.
31	5171-1	조선 정부가 세계의 일부 국가 의회와 정부에 보내는 서신 (러시아어 자료 포함).
31	5187-2	헝가리에서 "조선 연대(連帶)의 달" 기념행사의 일환으로 계획 중인 전시회와 관련하여 조선 대사가 전한 내용(헝가리 의료사절단 관련 자료 전시).
31	5187-3	조선 인민을 지지하는 연대 행사들.
31	5187-4	조선 연대의 행사들.
31	5187-7	연대를 표(表)하는 전보 발송과 관련한 조선의 요청.
31	5389-1	헝가리 박물관 파견단의 조선 방문.
31	5389-2	박물관 파견단의 조선 출장 보고.
31	5390-1	조선 직업총동맹 방문.
31	5390-2	조선 직업총동맹의 기본규정.
31	5391-1	박정희(Pak Csong Hi) 남한 대통령이 유신 헌법에서 확보한 권리들.
31	5392-1	동독의 상무관 관장과 대화(조선에 대한 동독의 차관 및 조선-동독 교역량 등의 내용).
31	5393-1	조선의 교통 법규.
31	5393-2	주체사상에 대한 자료들(러시아어).
31	5394-1	최고인민회의 봄 총회에서 재무상(財務相)의 보고.
31	5449-1	조선과 사회주의 국가들 간(間)의 대규모 문화 공연단들의 상호 교류에 대해.
31	5526-1	국제적 상황 변화와 조선에서 그 영향에 대한 조선의 의견.

31	5584-1	끼쉬하지 외된(Kisházi Ödön) 동지에게 조선 대사의 안내에 대한 회답 제안.
31	5734-1	조선과 체코슬로바키아의 공동 성명.
31	5734-2	체코슬로바키아 당 및 정부 파견단의 조선 방문 시 연설.
31	5761-1	에뻬레시 라쓸로 박사(Dr. Eperjesi László)의 과업 보고.
31	5761-2	에뻬레시 라쓸로 박사(Dr. Eperjesi László)의 과업 보고.
31	5762-1	헝가리-조선의 기술-학술 협력.
31	5762-2	헝가리-조선의 기술-학술 협력 위원회 헝가리 측 회의.
31	5762-5	헝가리-조선의 기술-학술 협력 위원회 헝가리 측 제2차 회의.
31	5863-1	헝가리-조선의 차관(借款) 협상.
31	5863-2	조선 무역은행 파견단의 헝가리 방문 계획.
31	6026-1	조선로동당 파견단의 8월 방문.
31	6027-1	주사기 구매.
31	6028-1	평양 주재 헝가리 대사가 림춘추(Rim Csun Csu) 조선 중앙 인민위원회 서기장을 이임 방문.
31	6034-1	셰베슈틴 예뇌(Sebestyén Jenő)의 이임 방문에 대한 코뮤니케.
31	6137-1	헝가리의 보건 노동자들에 대한 조선의 서훈(敍勳).
31	6290-1	조선의 사절단과 관련된 비용에 대한 예산.
31	6290-2	조선 외무성의 자문 파견단 방문 준비.
31	6456-2	헝가리-조선의 농업 관계.
31	6532-2	조선에서 헝가리 국영여행사(IBUSZ).
31	6610-1	거려쓰끼 이슈뜨반(Garajszki István)의 보고.
31	6610-2	거러이쓰끼 이슈뜨반(Garajszki István)의 보고.
31	6611-1	헝가리를 방문했던 조선의 신문기자 파견단에게 주재(主宰)한 저녁 만찬.
31	6612-1	평양에서 개최된 사회주의 국가 청소년 여자 배구 대회.
31	6613-1	조선로동당 사절단의 시리아, 이라크, 프랑스 방문.
31	6614-1	(시설을 설비하기 위해 방문하는) 전문가들의 법적 상황 관련 합의 체결.
31	6703-1	부다페스트 주재 조선 대사관의 요청.

31	6836-1	조선문제에 관한 UN의 토의.
31	6950-1	서울(Szöul) 개최의 세계 불교인 총회에 관하여.
31	6958-1	헝가리-조선의 정부 간(間) 경제 위원회 회의.
31	6958-2	헝가리-조선의 정부 간(間) 경제 위원회 회의.
31	6958-3	헝가리-조선의 기술-학술 협력 소위원회 회의.
31	6958-4	헝가리-조선의 기술-학술 협력.
31	7123-1	조선의 당(黨) 휴양자들과 함께 저녁 식사.
31	7238-1	평양의 헝가리 대사로 지명한 까다르 이슈뜨반(Kádár István)에게 아그레망 부여.
31	7238-2	까다르 이슈뜨반(Kádár István) 출국의 정확한 일자(日字) 제안.
31	7238-3	평양의 신임 헝가리 대사의 출국 일자에 대한 조선의 관심.
31	7238-5	까다르 이슈뜨반(Kádár István)의 신임장 제정에 대한 코뮤니케.
31	7285-1	프라하의 조선 무관(武官)에 대한 체코슬로바키아의 안내.
31	7286-1	조선문제에 관한 박(Pak) 대사의 안내.
31	7286-2	남한 상황에 대한 조선 대사의 안내.
31	7293-1	남한의 관계 설립 시도와 관련된 조선의 새로운 요청.
31	7295-1	조선의 통일 협상 상황에 대한 체코슬로바키아의 관심.
31	7390-1	조선 정부의 결정으로 부다페스트 주재 조선 대사관의 무관(武官, katonai attaché) 사무실이 폐쇄되는 것에 관해.
31	7390-2	조선 무관 사무실의 폐쇄를 유예.
31	7397-1	조선 문화 위원회 파견단의 헝가리 방문.
31	7529-1	헝가리-조선의 청년 조직들 간(間)의 관계.
31	7560-1	영어로 된 조선의 새로운 사회주의 헌법 보고.
31	7609-1	조선의 생활수준과 사회보장정책 자료들.
31	7804-1	조선 측의 헝가리 산업동맹과의 관계 설립 희망.
31	7804-2	조선 측의 헝가리 산업동맹과의 관계 설립 희망.
31	7804-3	조선인민복지위원회 국내 상업분과(商業分課) 분과장에 대한 헝가리산업동맹 의장의 초청 서신.

31	7829-1	프랑스의 일간지 르몽드(Le Monde)의 조선 관련 기사.
31	7844-1	추가 제안 보고.
31	7844-2	헝가리-조선의 외교 관계 수립 제25주년.
31	7844-3	외교 관계 수립 제25주년을 맞아 허담(Ho-Dam)에게 전하는 삐떼르 야노쉬(Péter János)의 축하 전문.
31	7844-4	삐떼르 야노쉬(Péter János)에게 전하는 허담(Ho-Dam)의 축하 전문.
31	7844-5	헝가리-조선의 외교 관계 25주년 기념 행사들.
31	7844-6	헝가리-조선의 외교 관계 수립 25주년과 관련한 기념 행사들에 대한 제안.
31	8084-2	조선 외무성의 헝가리 담당관과 함께 평양에서 격이 없는 저녁 식사.
31	8116-1	한반도의 자주적, 평화적 통일을 위한 조선 정부의 각서(覺書).
31	8322-1	당(黨) 문서 및 서류 보관소 파견단.
31	8338-1	불가리아-조선의 무역 회담.
31	8339-1	헝가리-조선의 무역 회담.
31	8340-1	조선 문화의 성장.
31	8943-1	소련-조선의 여행자 교환.

Box 번호	문서번호	제목
33	834-4	보르반디 야노쉬(Borbándi János)의 조선 및 소련 방문과 관련하여 작성 예정인 보고서 자료(보고서의 전체 내용).
33	835-2	조선 주민들에게 김일성(Kim Ir Szen)의 식료품 선물.
33	835-3	조선 재무상(相)의 "로동신문" 기사(記事).
33	835-4	외교관의 백화점 이용에 대하여(평양의 대동강 백화점).
33	835-7	남한이 헝가리와 관계 수립을 시도함.
33	835-9	조선의 내부 정보에 대한 신문("참고신문"-간부들에게 배포되는 조선중앙통신사 발행의 신문).
33	835-12	조선중앙통신의 "참고신문" 관련 문제.
33	835-16	만찬사 발송.
33	835-18	조선의 취리히 상무관 자료 보고.
33	835-20	오타와(Ottawa)의 헝가리 대사관으로 전하는 남한의 외교각서 보고.
33	836-4	조선최고인민회의 당년 11월 회의에 관한 안내.
33	836-5	조선에서 인적(人的) 개편(改編).
33	836-6	리종용(Li Dzong Jong) 조선 대리대사의 방문.
33	837-3	조선의 지도자들에게 전하는 헝가리 지도자들의 축하전문(9월 9일, 조선민주주의인민공화국 수립일).
33	837-4	축하전문 발송 제안(조선의 해당 동료에게 보내는 어쁘로 언떨(Apró Antal)의 전문, 9월 9일, 조선민주주의인민공화국 수립일).
33	837-5	코뮤니케(조선의 국경일을 맞아 축전 발송).
33	837-6	조선의 해당 동료에게 보내는 뿌여 프리제쉬(Puja frigyes)의 축전(9월 9일, 조선민주주의인민공화국 수립일).

33	838-1	박경순(Pak Gjong Szun) 조선 대사의 귀환 이유.
33	838-2	세계 보건기구(WHO, EVSz)에 조선의 회원 가입.
33	838-3	남한에 대한 오스트리아 신문의 기사.
33	838-5	조선 대사관의 안기선(An Gi Szon) 참사의 이임 방문.
33	838-6	조선의 1등 서기관의 이임 방문.
33	838-7	박경순(Pak Gjong Szun) 조선 대사의 방문.
33	838-8	신임 조선 서기관의 소개 인사 차 방문.
33	838-9	리종용(Li Zong Jong) 조선 대사관 참사의 방문.
33	838-10	만국우편연합과 관련하여 리종용(Li Zong Jong) 조선 대사관의 참사 방문.
33	838-11	조선 대사의 방문.
33	838-12	자문위원회 제2차 회의에 대한 조선의 평가.
33	838-13	절러에게르쩨그(Zalaegerszeg, 헝가리의 도시)에서 열린 (조선관련) 대규모 집회에 대한 박경순(Pak Gjong Szun) 조선 대사의 감사 인사.
33	838-14	리종용(Li Zong Jong) 조선 1등 서기관의 방문.
33	838-15	남한 상황에 대한 조선 대사의 안내.
33	838-16	박경순(Pak Gjong Szun) 대사의 절러에게르쩨그(Zalaegerszeg) 방문.
33	838-17	리종용(Li Zong Jong) 조선 참사의 방문.
33	838-18	조선 대사의 안내.
33	838-19	박경순(Pak Gjong Szun) 대사의 방문과 감사 표시.
33	838-20	조선의 특명단 지도부와 무관(武官, katonai attaché)들의 송환.
33	1115-2	사회주의 헌법의 날인 12월 27일, 조선의 국경일.
33	1115-3	조선에서 법률과 명령 준수에 대한 선전.
33	1126-1	헝가리-조선의 보건 관계. 써보 졸딴 박사(Dr. Szabó Zoltán)의 조선 방문.
33	1231-4	조선의 언론에서 헝가리 스포츠 지도자들의 발언들.
33	1428-1	헝가리-조선의 경제 자문 협력 위원회의 일련의 회의.

33	1428-2	헝가리-조선의 정부 간(間) 경제 및 학술-기술 자문 위원회 제2차 회의에 관한 회의록.
33	1428-3	헝가리-조선의 정부 간(間) 경제 및 학술-기술 자문 위원회 회의와 관련한 공개 성명.
33	1428-4	헝가리-조선의 정부 간(間) 경제 및 학술-기술 자문 위원회 제2차 회의 자료들.
33	1449-2	부다페스트 주재 조선 대사관의 정치 담당자와 친선 모임 제안.
33	1927-1	조선의 인민, 청년, 학생에 대한 국제적 연대의 달을 맞이하여 국제학생연맹(IUS) 사무국의 회람 서신.
33	2040-1	조선의 휴전 협정(1953).
33	2149-1	사자(使者) 업무로 평양에 출장을 간 라뜨꺼이 페렌쯔(Rátkai Ferenc)가 조선 외무성의 헝가리 담당자와 회동(헝가리 인민공화국 서기장 및 고위급에 대한 조선의 초청 등).
33	2165-1	조선 신문기자동맹을 방문.
33	2165-3	최고인민회의 의장을 소개 인사 차 방문.
33	2165-4	평양시 행정 평의회 의장과 시 정치 위원회 책임 비서의 방문.
33	2165-5	박경순(Pak Gjong Szun) 부다페스트 주재 조선 대사를 위한 점심 만찬.
33	2165-6	평양으로부터 약 80킬로미터 거리에 있는 립속(Ripszok)의 협동농장 방문.
33	2166-1	체코슬로바키아와 조선의 대외 교역.
33	2170-1	조선 직업총동맹 의장을 소개 인사 차 방문.
33	2170-2	운봉(Unbong)의 친선 협동농장을 소개 인사 차 방문.
33	2170-5	까다르 이슈뜨반(Kádár István)이 문화예술상(相)을 소개 인사 차 방문.
33	2170-6	까다르 이슈뜨반(Kádár István)이 무역성(貿易省)을 소개 인사 차 방문.

33	2170-7	조선로동당 중앙위원회, 정치위원회의 비상임위원이자 부수상 최재우(Cső Dze U)를 소개 인사 차 방문.
33	2170-8	농업위원회 위원장 소관희(Szo Gvan Hi)를 소개 인사 차 방문.
33	2170-11	문화관계위원회 위원장 김광섭(Kim Gvang Szob)을 소개 인사 차 방문.
33	2170-13	기술 학술원의 원장을 소개 인사 차 방문.
33	2244-1	국제기구에서 헝가리 국적 근무자의 남한 입국 관련.
33	2352-1	조선 대리대사의 헝가리 적십자사 방문.
33	2390-1	조선-중국의 물자교환-교역 및 물류량 목록.
33	2391-1	박성철(Pak Szong Csol)의 역사학 교수 파견단 접견.
33	2391-2	역사학 교수들의 조선 방문.
33	2392-1	조선-헝가리의 친선 모임.
33	2393-1	민족에 관한 김일성(Kim Ir Szen)의 이론-"로동신문"에 게재된 일본 저술가의 연구.
33	2393-2	김일성(Kim Ir Szen)의 식료품 선물.
33	2455-2	헝가리-조선의 직업동맹 관계.
33	2464-4	헝가리인민공화국과 조선민주주의인민공화국 간(間) 조선 측에 제공되는 차관(借款)에 대한 합의.
33	2464-6	무역 자료들.
33	3033-1	조선로동당 중앙위원회 회의.
33	3051-1	최재우(Cső Dze U)의 발언들.
33	3051-2	조선의 무역 교역량에 대한 자료들.
33	3073-2	조선의 민주주의전선에 (헝가리) 애국인민전선(HNF)의 서신 발송.
33	3078-1	머로티 라쓸로(Maróthy László) 공산주의청년동맹 중앙위원회 제1비서의 조선 방문 시기에 관하여.
33	3078-2	공산주의청년동맹 중앙위원회 파견단 초청.
33	3575-1	조선에서 헝가리 국경일 행사.
33	3575-2	조선에서 헝가리 국경일 행사.

33	3703-1	조선의 문제제기.
33	3704-1	헝가리-조선 간(間) 적십자사 관계.
33	3704-2	조선 적십자사의 요청.
33	3813-1	부다페스트에서 조선 관련 전시회.
33	3868-1	소련-남한의 사업 체결에 관하여 "세계경제(Világgazdaság)"지(紙)에 실린 뉴스.
33	3919-1	평양 주재 헝가리 대사의 신임장 제정.
33	4198-1	조선이 미국에게 "평화조약" 제안.
33	4284-1	조선에 제공된 일부 사회주의 국가들의 차관(借款) 관련 현재 상황.
33	4285-1	조선과 자본주의 국가들의 경제 관계에 대한 새로운 자료들.
33	4299-1	조선의 해양 경계.
33	4301-1	남한의 경제 상황.
33	4304-1	평양 주재 외교단체의 활동제한 완화.
33	4307-1	조선-폴란드의 물자교환 교역량.
33	4308-1	조선에서 가격인하 및 세금 전액 탕감(蕩減).
33	4309-1	1974년 인도-조선의 물자교환 교역량.
33	4310-1	헝가리 산업동맹 파견단.
33	4310-2	조선의 무역 사절단(조합 파견단)이 헝가리 방문 중 서명한 공식 문서(헝가리어, 러시아어 문서).
33	4310-3	헝가리와 조선의 산업동맹 간(間) 서명한 의정서.
33	4311-1	조선의 농업 총회.
33	4312-1	조선직업총동맹의 국제 관계.
33	4328-1	헝가리-조선의 경공업 관계.
33	4672-2	헝가리-조선의 중앙 계획 기관들의 관계 수립.
33	4763-1	조선 정부 파견단의 헝가리 방문과 관련한 조선 측의 통지 및 요청.
33	4763-4	김일성(Kim Ir Szen) 친서 수령에 대한 발표.
33	4763-7	헝가리를 방문 중인 조선의 정부사절단 단장 김영주(Kim Jong Dzu) 부주석의 부다페스트 "영웅광장(Hősök tere)"에

		서의 헌화(獻花)와 어칠 죄르지(Aczél György) 방문에 관한 코뮤니케.
33	4817-2	애국인민전선(HNF) 전국평의회와 조선의 관련 단체들과의 관계.
33	4817-3	헝가리-조선의 인민전선 관계.
33	4872-1	헝가리-조선의 보건 협력.
33	4872-2	애국인민전선(HNF) 전국평의회와 조선의 관련 단체들과의 관계.
33	4872-3	조선 외교관의 문화관계연구소 방문.
33	4872-6	애국인민전선(HNF) 전국평의회와 조선의 관련 단체들과의 관계.
34	5457-1	헝가리 대사관 및 친선 국가 외교 공관(公館)들의 홍보 활동.
34	5462-1	상무(商務) 참사의 보고.
34	5462-2	상무관 보고 발송.
34	5462-3	상무관 보고 발송.
34	5462-4	상무관 보고 발송.
34	5464-1	조선의 생활수준과 사회보장정책 자료들.
34	5467-1	조선에서 컬러텔레비전 방송.
34	5472-1	조선과 서독의 무역 관계.
34	5473-1	조선에서 헝가리 해방 30주년 기념행사에 대한 제안들.
34	5474-1	최고인민회의에서 재무상(相)의 보고.
34	5601-3	보르반디 야노쉬(Borbándi János)가 조선로동당 중앙위원회 위원이자 조선 부수상인 박성철(Pak Szong Csol)을 방문.
34	5757-1	헝가리-조선의 기술-학술 협력.
34	5757-3	헝가리-조선의 기술-학술 협력 소위원회 제3차 회의 준비.
34	5961-1	조선의 해방 28주년.
34	6430-1	부다페스트 주재 조선 대사가 소개 인사 차 뢰되늬 까로이 (Rödönyi Károly) 교통통신상(相)을 방문.
34	6620-1	조선예술동맹 및 문학과 예술의 상황에 대하여.

34	6621-1	김용주(Kim Jong Dzu)를 단장으로 한 조선 정부 사절단에 대한 환영 저녁 만찬.
34	6621-2	조선의 사절단 도착에 관한 코뮤니케-초안.
34	6622-1	조선의 제3세계 귀속 여부에 대한 문제.
34	6623-1	남한 대표자들의 사회주의 국가 입국 허가와 관련하여 조선의 입장 변화.
34	6641-1	조선민주주의인민공화국의 유네스코 가입 신청.
34	6762-1	거러이쓰끼 이슈뜨반(Garajszki István)의 과업 보고.
34	6842-1	조선민주주의인민공화국과 오스트레일리아 간(間)의 외교 관계 수립.
34	6868-1	조선의 조국수호전쟁에 참여한 바로 수여되는 훈장의 수령.
34	7235-1	남한에 전하는 조국통일투쟁민주주의전선의 성명.
34	7236-1	데메 마리아 박사(Dr. Deme Mária)의 보고.
34	7237-1	일본-조선의 상업 교역.
34	7268-1	사회주의 국가들의 체조 대회.
34	7269-1	조선의 생활수준과 사회보장정책 자료들.
34	7325-1	모도쉬 삐떼르(Módos Péter): "조선은 얼마나 멀리 있나?"라는 제목의 원고.
34	7546-1	조선 문화관계위원회 부위원장인 김광섭(Kim Gvan Szob)의 초청.
34	7764-1	김연길(Kim Juan Gil) 1등 서기관의 소개 인사 차 방문.
34	7912-1	유엔 총회와 관련된 조선문제.
34	8071-1	헝가리-조선의 보건 협약에 대한 조선 정부의 승인.
34	8072-1	외무성 의전과의 훈령들.
34	8077-1	조선에서 회사 운영 체계의 전형(典型)(도표로된 설명).
34	8078-1	김일성(Kim Ir Szen)의 선물.
34	8093-1	1973년 판 조선 중앙 연감에서 헝가리 관련 장(章).
34	8094-1	조선과 자본주의 국가들과의 경제 관계에 대한 몇 가지 새로운 자료들.
34	8094-2	자본주의 국가들과 조선의 경제 관계와 관련한 목록.

34	8095-1	조선민주주의인민공화국 수립 26 주년을 맞아 정치적인 담화들.
34	8096-1	남북대화.
34	8173-1	남한 정부의 외교 각서.
34	8248-1	소련-조선의 문화과업계획.
34	8248-2	소련-조선의 문화 관계에 있어서 몇몇 행사들 및 정보.
34	8515	헝가리-조선의 조합 선택권 교환 교역 의정서(1975).
34	8679-1	남한과의 관계에 대한 소련과 중국의 논쟁.
34	8725-1	조선 언론에서 포드(Ford)의 남한 방문 비판.
34	8938-1	1975년, 헝가리-조선의 물자교환-교역 및 지불 합의.
34	8938-3	1975년, 헝가리-조선의 물자교환 교역량에 관하여.
34	9153-1	조선의 부주석으로 김동규(Kim Dong Gju) 선출(축전 발송 제안).
34	9211-1	헝가리를 방문한 조선여성동맹 사절단에게 저녁 만찬 제공.
34	9213-1	부다페스트의 신임 조선 무관(武官, katonai attaché)으로부터 얻은 정보들.
34	9218-1	헝가리를 방문한 (조선의) 국내 상업 사절단에게 저녁 만찬 제공.
34	9220-1	농업 협력.
34	9223-1	베트남 민주공화국과 조선의 경제 관계.
34	9229-1	남한의 상황.
34	9231-1	남한의 해외 교역.
34	9235-1	사회안전부장(社會安全部長)의 서신 보고.
34	9236-1	라뜨꺼이 페렌쯔(Rátkai Ferenc)의 지금까지 소개 인사 차 방문 내역에 대한 요약.

Box 번호	문서번호	제목
36	350-1	조선로동당 기관지 "근로자(Künllodza)"에 대해: 써보 페렌쯔(Szabó Ferenc) 평양 대사의 보고.
36	350-2	조선의 신문, "통일신보"에 관한 보고.
36	350-3	외교노선을 다루는 기사 보고: 러시아어 자료 첨부.
36	350-5	조선중앙통신사의 1974년 연감 보고: 관련 자료 첨부.
36	350-6	서(西)베를린의 남한 영사관 출처의 출판자료 보고: 영문으로 된 출판물들 첨부.
36	350-7	한국(남한)의 영문 출판물 보고: 두 편의 영문 출판물 첨부.
36	351	조선의 지도자들이 헝가리의 지도자들에게 전하는 조선의 국경일 축하 회신 전보에 대한 코뮤니케: 문서번호 837-8/1974 첨부.
36	351-1	조선 해방 30주년을 기념하여 조선의 지도자들에게 송부될 축전에 대한 제안-1975년 8월 15일.
36	351-2	조선민주주의인민공화국 수립 제27 주년과 조선 외무성의 1975년 8월 17일의 외교 각서-기념일 행사들.
36	351-3	조선민주주의인민공화국의 국경일 행사 관련, 영화 상영 장소에 대하여.
36	351-5	조선의 지도자들에 대한 코뮤니케 초안.
36	352	조선에서 1974년 11월-12월 동안의 인적 변화: 써보 페렌쯔(Szabó Ferenc) 평양 대사의 보고.
36	354	리종용(Li Zong Jong) 조선 대리대사의 외무성 제4 지역국 방문에 대한 보고: 에뜨레 샨도르(Etre Sándor) 외무성 관원(官員)의 보고.

36	354-1	조선 외교관 리종용(Li Zong Jong)과 오상권(O Szang Kvon)의 외무성 제4 지역국 방문에 대한 보고: 에뜨레 샨도르(Etre Sándor) 외무성 관원(官員)의 보고.
36	354-4	국제 표준화 기구 및 유엔 개발 프로그램 건으로 인한 리종용(Li Zong Jong) 조선 참사의 외무성 국제조직국 방문: 졸레뜨니끄 샨도르 부인(Zoletnik Sándorné)의 보고.
36	354-5	유엔 개발 프로그램 건(件)으로 리종용(Li Zong Jong) 조선 참사의 외무성 국제조직국 방문-빨린까쉬 라슬로 박사(Dr. Pálinkás László)의 보고.
36	355	평양 상무관의 슈허이더 이슈뜨반(Suhajda István) 참사의 보고: 불가리아-조선, 쿠바-조선, 루마니아-조선, 몽고-조선, 소련-조선 간(間) 무역 관계들.
36	355-2	슬로바키아-조선의 무역 관계에 대하여 평양 상무관의 슈허이더 이슈뜨반(Suhajda István) 참사의 보고.
36	355-4	대외무역 보고: 헝가리-조선, 베트남-조선, 그리고 루마니아-조선의 무역 관계에 대한 평양 상무관의 슈허이더 이슈뜨반(Suhajda István) 참사의 보고들.
36	355-6	루마니아-조선과 폴란드-조선의 무역 관계에 대한 평양 상무관의 슈허이더 이슈뜨반(Suhajda István) 참사의 보고.
36	355-7	조선의 무역 관계에 대한 평양 상무관의 슈허이더 이슈뜨반(Suhajda István) 참사의 보고.
36	356-1	조선민주주의인민공화국에서 헝가리 해방 30주년 기념: 써보 페렌쯔(Szabó Ferenc) 평양 대사의 보고.
36	806-7	뿌여 프리제쉬(Puja Frigyes) 외무상에게 보낸 리종용(Li Zong Jong) 조선 대리대사의 신년 축하 인사.
36	837-20	박경순(Pak Gjong Szun) 조선 대사의 너지 야노쉬(Nagy János) 외무성 부상(副相) 방문에 대한 보고.
36	1971	써보 페렌쯔(Szabó Frenc) 헝가리 신임 평양 대사의 신임장 제정: 언론 코뮤니케.

36	1971-1	써보 페렌쯔(Szabó Frenc) 평양 대사가 소개 인사 차 조선로동당 중앙위원회 비서이자 중앙위원회 외무과 과장인 김영남(Kim Jong Nam)을 방문.
36	1971-2	써보 페렌쯔(Szabó Frenc) 평양 대사가 소개 인사 차 조선 부수상이자 조선로동당 정치위원회 회원인 김동규(Kim Dong Gju)를 방문.
36	2244	조선과 일부 사회주의 국가들의 대외무역 상황에 대해: 써보 페렌쯔(Szabó Frenc) 평양 대사의 보고.
36	2252-1	1975년 11월 28일, 평양에서 함봉(緘封)한 우편 행낭의 일반 업무 자료에 관한 요약.
36	2253	조선의 작가동맹에 관한 정보.
36	2255	조선민주주의인민공화국에서 인증(認證)한 무관(武官) 관련 규정을 조선 인민무력부 외무과(外務課)에서 제정(내용 포함).
36	2258	조선의 계획성(省) 부상(副相)인 김동협(Kim Dong Hjop)과 저녁 식사: 써보 페렌쯔(Szabó Ferenc) 평양 대사의 보고.
36	2259-1	조선 여성동맹 비서를 방문: 써보 페렌쯔(Szabó Ferenc) 평양 대사의 보고.
36	2260	조선평화수호동맹 부의장을 방문.
36	2260-1	조선평화수호 전국인민위원회에 관한 정보: 써보 페렌쯔(Szabó Ferenc) 평양 대사의 보고.
36	2261	조선의 가장 중요한 산업 생산물들에 관한 자료들.
36	2263	헝가리-조선의 장기 물자교환 합의 준비.
36	2263-1	1974년 헝가리-조선의 물자교환 합의 이행: 외무성 극동과(極東課)의 기록.
36	2264	평양에서 조선 외무성과 평양의 외교 단체 간(間) 관계에 대해 진행된 의전 회의: 써보 페렌쯔(Szabó Ferenc) 평양 대사의 보고.
36	2268	조선과 사회주의 국가들 간(間)의 생산 협력: 써보 페렌쯔(Szabó Ferenc) 평양 대사의 보고.
36	2293	헝가리-조선의 적십자사 관계.

36	2293-1	북한과 남한 간(間) 적십자 회담에 관한 써보 페렌쯔(Szabó Ferenc) 평양 대사의 보고.
36	2295	조선의 상황: 리종용(Li Zong Jong) 조선 외교관의 안내에 기초한 에뜨레 샨도르(Etre Sándor) 외무성 관원(官員)의 보고.
36	2297	일본-조선의 관계 형성: 써보 페렌쯔(Szabó Ferenc) 평양 대사의 보고.
36	2297-1	조선-일본 간(間) 무역 관계-호르바트 에르뇌(Horváth Ernő) 도쿄 대사의 보고.
36	2299	제9차 남북조절위원회, 부의장들의 회의 재개: 써보 페렌쯔(Szabó Ferenc) 평양 대사의 보고.
36	2299-1	남북한 관계. 박정희(Pak Csong Hi) 남한 대통령의 1975년 1월 14일 연설.
36	2300	조선과 국제 단체들: 거이더 페렌쯔(Gajda Ferenc) 외무성 국제조직부 관원(官員)의 보고.
36	2304	평양에서 1975년 1월 8일-15일에 개최된 농업 총회: 써보 페렌쯔(Szabó Ferenc) 평양 대사의 보고.
36	2304-1	조선농민동맹 중앙위원회로부터의 정보: 김일성(Kim Ir Szen)의 농업 교시들.
36	2304-2	(헝가리) 농식품성(農食品省)과 조선민주주의인민공화국 농업위원회 간(間) 1975-76년 협력 과업 계획: 조선어와 러시아어 자료 첨부.
36	2405	박경선(Pak Gjong Szun) 조선 대사가 라츠 야노쉬(Rácz János) 외무성 부상(副相)에게 전한 안내.
36	2405-2	조선의 상황에 관한 박경선(Pak Gjong Szun) 조선 대사의 안내.
36	2405-4	조선의 상황에 관한 박경선(Pak Gjong Szun) 조선 대사의 안내.
36	2405-5	박경선(Pak Gjong Szun) 조선 대사의 방문: 김일성(Kim Ir Szen)의 1956년 헝가리 방문 시 촬영한 영상물 수여와 조선의 촬영팀 방문 건(件)과 관련하여.

36	2405-6	애국인민전선(HNF) 위원장인 셔를로쉬 이슈뜨반(Sarlós István)에 대해 박경선(Pak Gjong Szun) 조선 대사의 이임 방문.
36	2405-7	헝가리 연대위원회 의장인 허르머띠 샨도르(Harmati Sándor)에 대해 박경선(Pak Gjong Szun) 조선 대사의 이임 방문.
36	2405-8	슐트헤이쓰 에밀(Dr. Schultheisz Emil) 보건상(保健相) 박사에 대해 박경선(Pak Gjong Szun) 조선 대사의 이임 방문.
36	2405-9	박경선(Pak Gjong Szun) 조선 대사가 외무성 제4 지역국을 이임 방문.
36	2405-10	박경선(Pak Gjong Szun) 조선 대사가 외무성 국제조직과의 써르꺼 까로이(Szarka Károly)를 이임 방문.
36	2405-11	박경선(Pak Gjong Szun) 조선 대사가 문화관계연구소를 이임 방문.
36	2405-12	이임하는 조선 대사 박경선(Pak Gjong Szun)의 이력.
36	2465-1	조선의 직업동맹에 관한 정보들: 써보 페렌쯔(Szabó Ferenc) 평양 대사의 보고.
36	2465-3	헝가리-조선의 직업동맹 관계들.
36	2465-4	조선직업총동맹 지도자급 파견단의 헝가리 방문에 관한 보고: 직업동맹 전국평의회의 국제 관계과 보고.
36	3491	조선 노동자들의 생활수준에 관하여: 써보 페렌쯔(Szabó Ferenc) 평양 대사의 보고.
36	3492	조선 농업사절단의 파견과 관련하여 디미늬 임레(Dimény Imre) 농식품상(農食品相)에게 전하는 조선민주주의인민공화국 농업위원회 의장인 서관희(Szo Gvan Hi)의 서신.
36	3496	조선 언론에서 보도한 사절단 교환에 관한 보고: 써보 페렌쯔(Szabó Ferenc) 평양 대사의 보고.
36	3499	일부 조선의 문화 관련 문제에 관한 소련 외교관의 정보.
36	3500	남북한 간(間)의 외교 관계: 써보 페렌쯔(Szabó Ferenc) 평양 대사의 보고.
36	3501	헝가리 전문가들이 조선 방적 공업 제품 생산에 대해 자문(諮問): 써보 페렌쯔(Szabó Ferenc) 평양 대사의 보고.

36	3503	남한 상황에 관한 조선민주주의인민공화국 외무성의 성명: 써보 페렌쯔(Szabó Ferenc) 평양 대사의 보고.
36	3503-1	남한 경제의 1974년 발전에 관한 몇 가지 자료들.
36	3503-3	남한 상황에 대한 보고: 빨꼬 야노쉬(Palkó János) 무관(武官)의 보고.
36	3683	헝가리 버스의 조선 수출과 관련된 문제점들.
36	3683-1	조선에 대해 생산된 이카루쓰(Ikarus, 헝가리의 버스 제작 회사) 버스들의 인도(引渡) 축하 행사.
36	3756	헝가리사회주의노동자당 제11차 총회에서 조선의 당 파견 단 지도자들의 발언.
36	Szn.	발송되는 행정기밀 행낭 요약.
36	4448	남북대화에 대하여 일본 기자인 도쿠마 우쭈노미야(Tokuma Utsunomiya)의 김일성(Kim Ir Szen)과의 인터뷰-독일어로 된 번역.
36	4450	수도(首都)인 부다페스트와 평양 간(間)의 관계 진흥.
36	4450-1	수도(首都)인 부다페스트와 평양 간(間)의 관계 진흥.
36	4450-2	수도(首都)인 부다페스트와 평양 간(間)의 관계 진흥.
36	4450-3	수도(首都)인 부다페스트와 평양 간(間)의 관계 진흥.
36	4475	대사관 참사인 떠러버 야노쉬 박사(Dr. Taraba János)의 연차(年次) 보고.
36	4475-1	대사관 참사인 떠러버 야노쉬 박사(Dr. Taraba János)의 연차(年次) 보고.
36	4476	조선의 당(黨) 간부들에 대해 헝가리로 휴양 초청.
36	4483	조선의 리(읍) 단위 농업위원회들의 활동: 써보 페렌쯔(Szabó Ferenc) 평양 대사의 보고.
36	4523	체코슬로바키아-조선의 경제 관련 정부 간(間) 위원회 제2차 회의: 평양, 1975년 3월 10일-14일.
36	4672	헝가리와 조선의 중앙계획기관들의 관계 설립.
36	4672-1	헝가리와 조선 중앙 계획 기관들의 관계 설립.
36	4838-1	김일성(Kim Ir Szen)의 63번째 생일 축하 행사에 관한 써보 페렌쯔(Szabó Ferenc) 평양 대사의 보고.

36	4879	부다페스트 주재 조선의 신임 대사로 예정된 인물의 약력.
36	4879-1	김제석(Kim Dze Szuk) 부다페스트 주재 조선 신임 대사가 소개 인사차 외무성 제4 지역국을 방문.
36	4879-2	김제석(Kim Dze Szuk) 조선 대사가 소개 인사차 외무성 국제관계국을 방문.
36	4879-3	김제석(Kim Dze Szuk) 헝가리 주재 조선 신임 대사가 소개 인사차 국회 의장, 어쁘로 언떨(Apró Antal)을 방문.
36	4879-4	김제석(Kim Dze Szuk) 조선 대사가 소개 인사차 써르꺼 까로이(Szarka Károly) 외무성 부상(副相)을 방문.
36	4879-5	김제석(Kim Dze Szuk) 조선 대사가 소개 인사차 써르꺼 까로이(Szarka Károly) 외무성 부상(副相)을 방문.
36	4879-6	김제석(Kim Dze Szuk) 조선 대사가 소개 인사차 뿌여 프리제쉬(Puja Frigyes) 외무상(外務相)을 방문: 헝가리-조선의 관계에 대해 논의.
36	4879-7	김제석(Kim Dze Szuk) 조선 대사가 소개 인사차 라치 빨(Rácz Pál) 외무성 부상(副相)을 방문: UN 총회의 남북한 관련 토의.
36	4879-8	김제석(Kim Dze Szuk) 조선 대사가 소개 인사차 써르꺼 까로이(Szarka Károly) 외무성 부상(副相)을 방문: UN에서 남한의 가입 요청에 관한 논의.
36	4879-9	조선 대사의 요청: 내각(각료회의) 의장 방문.
36	4879-10	김제석(Kim Dze Szuk) 조선 대사가 소개 인사차 내각(각료회의) 의장, 라자르 죄르지(Lázár György)를 방문.
36	4879-11	외무성 부상(副相) 라치 빨(Rácz Pál)의 두 번에 걸친 조선 대사 접견: 헝가리-조선의 관계들, 비동맹 국가들과의 관련된 헝가리의 입장.
36	4879-12	김제석(Kim Dze Szuk) 조선 대사가 소개 인사차 써르꺼 까로이(Szarka Károly) 외무성 부상(副相)을 방문: UN에서 남북한 문제에 표명되었던 헝가리의 지지에 대한 감사.

36	4879-13	김제석(Kim Dze Szuk) 조선 대사가 소개 인사차 외무성 제4 지역국을 방문: UN에서 남북한 문제와 관련한 입장에 대해 논의.
36	4924	모잠비크 파견단의 조선 방문에 대한 조선의 안내: 써보 페렌쯔(Szabó Ferenc) 평양 대사의 보고.
36	4925	일본에서 사로청(조선 사회주의로동청년동맹) 파견단: 써보 페렌쯔(Szabó Ferenc) 평양 대사의 보고.
36	4992	허담(Ho Dam) 조선 외무상(相)에 대한 뿌여 프리제쉬(Puja Frigyes) 외무상(相)의 초청 서신.
36	4992-1	뿌여 프리제쉬(Puja Frigyes) 외무상(相)에 대한 허담(Ho Dam) 조선 외무상(相)의 초청 서신.
36	4992-2	뿌여 프리제쉬(Puja Frigyes) 외무상이 허담(Ho Dam) 조선 외무상에게 전할 회신의 내용 제안.
36	5502	떠러버 야노쉬(Taraba János) 평양 주재 대사관의 참사와 그 부인에게 리종용(Li Dzong Jong) 조선 대사관 참사가 주재(主宰)한 저녁 만찬.
36	5502-1	리종용(Li Dzong Jong) 조선 대리대사가 외무성 제4 지역국을 방문: 한국전쟁 발발 25주년과 종전 22주년 기념으로 개최된 "반제국주의, 반미 공동 투쟁의 달" 행사들.
36	5699	김일성의 헝가리 방문에 관한 "세계경제(Világgazdaság)"라는 잡지의 오보(誤報).
36	5926	평양 대사관의 참사, 에뻬례시 라쓸로 박사(Dr. Eperjesi László)의 과업 요약.
36	5928	조선과 서유럽 국가들과의 관계에 대한 써보 페렌쯔(Szabó Ferenc) 평양 대사의 보고.
36	5930	조선에 통신기술 설비(주파수 분석기) 판매: 써보 페렌쯔(Szabó Ferenc) 평양 대사의 보고.
36	5996	1975년 4월 8일-10일 간(間) 최고인민회의 제5차 회의, 교육정책 문제들과 결정들: 써보 페렌쯔(Szabó Ferenc) 평양 대사의 보고.

36	5996-1	학교 방문, 조선 학교에서 김정일(Kim Dzsong Il)의 인기몰이: 써보 페렌쯔(Szabó Ferenc) 평양 대사의 보고.
36	5997	최고인민회의 1975년 회의에 관한 써보 페렌쯔(Szabó Ferenc) 평양 대사의 보고: 국가 예산 회의.
36	5998	언론 담당관 라뜨꺼이 페렌쯔(Rátkai Ferenc)의 업무 보고.
36	5998-1	외무성 제4 지역국에서 라뜨꺼이 페렌쯔(Rátkai Ferenc) 언론 담당관의 업무 보고.
36	6000	조선의 조국통일투쟁민주전선 파견단의 불참과 부다페스트의 인민전선 회의에 관한 안내.
36	6000-1	조국통일투쟁민주전선과 애국인민전선(HNF)의 관계: 평양의 대리대사, 떠러버 야노쉬 박사(Dr. Taraba János)의 보고.
36	6000-3	1975년 10월 6일-15일 간(間) 애국인민전선(HNF) 전국평의회 파견단의 조선민주주의인민공화국 공식 방문에 관한 보고: 라치 빨(Rácz Pál) 외무성 부상(副相)에게 애국인민전선(HNF) 전국평의회 부의장인 부가르 야노쉬 부인(Bugár Jánosné)의 보고.
36	6616	조선 측으로부터 초청 건들에 대한 취소에 관하여: 거러이쓰끼 이슈뜨반(Garajszki István) 조선 담당관의 보고.
36	6959	너지까떠(Nagykáta, 헝가리의 지명)에서 개최된 조선 연대의 달 폐막 행사: 꺼르서이 러요쉬(Karsai Lajos)의 보고.
36	6959-1	너지까떠(Nagykáta, 헝가리의 지명)에서 개최된 조선 연대(連帶)의 달 폐막 행사: 외무성 제4 지역국의 국원(局員) 꾸띠 죄르지(Kuti György)의 보고.
36	7194	헝가리-조선의 농업 협력에 관한 안내.
36	7194-1	헝가리인민공화국 농식품성(農食品省)과 조선민주주의인민공화국 농업위원회 간(間) 1976-1977년 협력에 대한 헝가리의 계획안(計劃案).
36	7194-2	헝가리인민공화국 농식품성(農食品省)의 제안에 대한 조선민주주의인민공화국 농업위원회의 회신.
36	7194-	헝가리인민공화국 농식품성(農食品省)의 제안에 대한 조선민주주의인민공화국 농업위원회의 회신.

36	7300	조선-불가리아의 TV-라디오 협력: 평양의 대리대사, 떠러버 야노쉬 박사(Dr. Taraba János)의 보고.
36	7300-1	조선-불가리아의 1975-1976년 라디오와 TV 협약: 써보 페렌 쯔(Szabó Ferenc) 평양 대사의 보고(첨부-러시아어 자료).
36	7301	조선민주주의인민공화국에서 푸에르토리코 사회당의 파견 단: 평양의 대리대사, 떠러버 야노쉬 박사(Dr. Taraba János) 의 보고.
36	7303	이집트-조선의 경제 관계: 평양의 대리대사, 떠러버 야노쉬 박사(Dr. Taraba János)의 보고.
36	7579	폴란드-조선의 경제 관계에 관한 국가계획위원회 국제 협 력국의 보고.
36	7580	헝가리 학술원과 조선 학술원의 1976-1977년 학술 협력 과 업 계획과 헝가리의 계획안(計劃案).
36	7813	조선민주주의인민공화국 수립 27주년을 맞아 조선 최고인 민회의 의장에게 전하는 (헝가리) 국회의장, 어쁘로 언떨 (Apró Antal)의 축하 전보: 1975년 9월 9일.
36	7813-1	조선민주주의인민공화국 수립 27주년을 맞아 조선의 지도 자들에게 전하는 헝가리 지도자들의 축하 전보.
36	7813-2	김제석(Kim Dze Szuk) 조선 대사의 라디오와 텔레비전 축 하 연설: 1975년 9월 9일.
36	7977	리종용(Li Zong Jong) 조선 대사관 참사가 외무성 제4 지역 국을 방문: 민주 법률가국제동맹이 다마스커스에서 개최 예정인 조선 연대 회의.
36	8091	1975-1976년, 헝가리-조선의 문화과업 계획 수행: 조선로동 당 창건 30주년 기념으로 부다페스트에서 개최 예정인 영화 상영회.
36	8140	폴란드 기자 파견단의 조선 방문: 써보 페렌쯔(Szabó Ferenc) 평양 대사의 보고.
36	8398	헝가리 상공회의소와 관계 설립을 위한 남한의 시도.

36	8531	헝가리-조선의 정부 간(間) 경제 및 학술-기술 자문 위원회의 헝가리 측 보르반디 야노쉬(Borbándi János) 위원장이 조선 측 공진태(Kong Dzin The) 위원장에게 보내는 초청장.
36	8590	평양 대성산의 혁명열사릉 개막: 써보 페렌쯔(Szabó Ferenc) 평양 대사의 보고.
36	9178	머져르반헤제쉬(Magyarbánhegyes, 헝가리의 지명)에서 헝가리-조선의 친선 모임: 써보 삐떼르(Szabó Péter) 조선 담당관의 보고.
36	9540	조선로동당 창건 30주년을 맞아 개최된 평양의 전시회.
36	9541	조선의 통관 규정들-써보 페렌쯔(Szabó Ferenc) 평양 대사의 보고.
36	9543	의전(儀典) 명단: 조선의 지도적 간부들.
36	9545	조선 사회과학 학술원에 관한 몇가지 정보.
36	9763	김일성(Kim Ir Szen) 조선의 당비서가 까다르 야노쉬(Kádár János)와 로숀치 빨(Losonczi Pál)에게 전하는 전문(電文).

Box 번호	문서번호	제목
38	346-3	조선최고인민회의의 서신.
38	346-10	뻬쁘 아르빠드(Papp Árpád)의 서신을 조선의 관련 인사에게 전함.
38	346-13	씨이야르또 까로이 박사(Dr. Szijártó Károly)의 축하 서신.
38	347-6	비동맹운동에 관한 "근로자(Küllodza)"의 기사(記事).
38	348	조선 대사의 라디오 축하 연설.
38	348-1	1976년 9월 9일(조선민주주의인민공화국 수립일)의 축하 전보에 대하여 헝가리 지도자들에게 전하는 조선의 감사 회신.
38	348-2	조선민주주의인민공화국 수립 28주년을 맞이하여 축하 전보 제안.
38	348-3	조선민주주의인민공화국 수립 28주년을 맞이하여 어쁘로 언떨(Apró Antal)의 축전 제안.
38	348-4	코뮤니케-초안.
38	350	1976/77년, 조선 대학생을 수용.
38	352	조선 대사의 방문.
38	971	남한의 관계 설립 시도.
38	971-1	남한의 관계 설립 시도.
38	971-2	남한 대사관과의 관계.
38	997	사회주의 국가들의 국제의원연맹 평의회 평양 회의.
38	997-1	국제의원연맹 헝가리그룹 의장에게 황장엽(Hvan Dzang Jop)의 초청장 전달.
38	1152	김용찬(Kim Jong Csán) 3등 서기관의 이임 방문.
38	1198	조선과 관련하여 (헝가리의 당 중앙 기관지) "인민해방"의 언급 오류.

38	1258	조선을 방문한 교육 파견단의 과업에 대한 보고.
38	1258-1	조선 학생들의 학업 결과.
38	1290	조선 대사관이 오스트레일리아에서 철수(撤收)함을 오스트레일리아 주재 각국의 외교 공관(公館)에 알리는 회람 문서.
38	1309	남한에서 헝가리 선박들의 정박(碇泊).
38	1348	리종용(Li Zong Jong) 조선 참사의 방문.
38	1348-1	리종용(Li Zong Jong) 대리대사의 방문.
38	1348-2	리종용(Li Zong Jong) 대리대사의 이임 방문.
38	1348-3	조선 대사의 헝가리 법률가동맹 방문.
38	1461	헝가리인민공화국과 조선민주주의인민공화국 간(間) 1976년 물자교환-교역 및 지불에 관한 합의.
38	1488	(해외의 공관에 외교관 파견을 주 임무로 하는) 조선의 외교공관지원이사회 간부와 대화.
38	1489	조선에서 계획 체계의 이중성.
39	1749	헝가리 상무(商務) 참사의 보고들.
39	1749-1	헝가리 상무(商務) 참사의 보고들.
39	1749-2	헝가리 상무(商務) 참사의 보고들.
39	1749-3	헝가리 상무(商務) 참사의 보고들.
39	1749-4	헝가리 상무(商務) 참사의 보고들.
39	1749-5	헝가리 상무(商務) 참사의 보고들.
39	1750	6개년 계획 완수에 대한 조선의 평가와 새로운 계획 기간 및 그 문제점들에 대한 정보.
39	1751	조선 내무성 공연단의 헝가리 초청 공연.
39	1751-1	헝가리-조선의 내무 협력.
39	1751-2	벤께이(Benkei) 동지에게 보내는 리진수(Li Dzin Szu) 사회안전부장의 서신.
39	1752	조선에서 불가리아의 의회 파견단.
39	1753	국제단체들과 조선의 관계 상황.
39	1754	외무성 지도부에 진입한 인적 변화 및 기타 간부 문제.
39	1755	조선의 사회과학 학술원.

39	1756	조선에서 일간지와 월간잡지의 발행 부수.
39	1779	김석진(Kim Szok Dzin)에게 전하는 또르더이(Tordai) 동지의 서신.
39	1903	헝가리인민공화국 보건성(省)과 조선민주주의인민공화국 보건성(省)의 1976/77년의 협력 계획.
39	1951	조선에 대한 개관.
39	1951-1	조선에 대한 개관.
39	1968	연설-초안.
39	1968-1	세계의원연맹 파견단의 조선 방문.
39	2224	리기선(Li Gi Szon)에게 전하는 또르더이(Tordai) 동지의 서신.
39	2381	회의록과 출장 보고.
39	2381-1	농식품성(農食品省)의 제안(헝가리-조선의 농식품성(農食品省) 협의 회의록).
39	2381-2	헝가리-조선의 정부 간(間) 경제 및 학술-기술 자문 위원회 제3차 회의 시 작성한 회의록.
39	2381-4	또르더이 예뇌(Tordai Jenő)에게 보내는 리기선(Li Gi Szon)의 서신.
39	2602-1	헝가리-조선의 인민전선의 관계.
39	2655	남일 사망에 대한 조의(弔意) 표명.
39	2822	허담(Ho Dam) 외무상의 헝가리 방문과 관련한 조선의 발표.
39	2822	허담(Ho Dam)의 방문에 관한 김제석(Kim Dze Szuk) 대사의 안내.
39	2822-2	허담(Ho Dam)의 이력.
39	2822-3	조선 외무상의 방문 관련 언론 계획에 대한 제안.
39	2822-4	조선 외무상의 헝가리 방문.
39	2822-5	뿌여(Puja) 동지의 건배사에 대한 의견.
39	2822-6	허담(Ho Dam)의 이력.
39	2822-7	조선의 외무상 방문에 대한 발표-초안.
39	2878-1	헝가리-조선의 평화 단체 간(間) 협력.
39	2998	셔를로쉬(Sarlós) 동지의 초청장 전달.

39	3042	헝가리-조선의 우체국 간(間) 관계.
39	3415	헝가리와 조류학(鳥類學) 관계에 대한 남한 라디오의 발표.
39	3419	헝가리-조선의 경제 관계에 대한 안내.
39	3514	헝가리-조선의 언론에서 상호 게재된 기사들의 비교.
39	3524	코뮤니케.
39	3541	허담(Ho Dam)의 방문과 관련한 김제석(Kim Dze Szuk) 대사의 전언.
39	3546	조선의 인민경제대학에 대한 정보.
39	3645	헝가리-조선의 여성동맹 간(間) 관계.
39	3645-1	헝가리-조선의 여성동맹 관계.
39	3657	헝가리와 조선의 연대(連帶) 단체 관계.
39	3658	벤께이(Benkei) 동지에게 보내는 리진수(Li Dzin Szu) 사회안전부장의 서신.
39	3709	헝가리인민공화국과 조선민주주의인민공화국 외무성 간(間) 1975-76년의 협력 합의.
39	3800	헝가리-조선의 라디오-협력.
39	3827	1976/77년, 헝가리-조선의 과업계획 발송(농식품성(農食品省)).
39	3827-1	헝가리 농식품성(農食品省) 사절단의 조선 방문.
39	3974-2	박성철(Pak Szong Csol)의 감사 전문(電文).
39	4008	김제석(Kim Dze Szuk) 대사가 뿌여(Puja) 동지를 방문.
39	4008-1	어쁘로(Apró) 동지의 회신.
39	4008-2	김제석(Kim Dze Szuk) 대사가 애국인민전선(HNF)을 방문.
39	4008-3	조선 대사의 방문.
39	4008-4	조선 대사의 방문.
39	4008-5	조선 대사가 라치(Rácz) 동지를 방문.
39	4008-6	조선 대사가 라치(Rácz) 동지를 방문.
39	4008-7	조선 대사가 라치(Rácz) 동지를 방문.
39	4008-8	김제석(Kim Dze Szuk) 대사가 애국인민전선(HNF)을 방문.
39	4008-9	조선 대사가 라치(Rácz) 동지를 방문.

39	4008-10	조선 대사의 방문.
39	4008-11	조선 대사의 방문.
39	4008-12	조선 대사의 요청.
39	4008-13	조선 대사가 외무성을 방문.
39	4008-14	조선 대사의 방문.
39	4161	최고인민회의 총회(예산, 아동 교육, 인적(人的) 변화).
39	4161-1	최고인민회의 파견단의 헝가리 방문.
39	4176	조선 언론의 헝가리 관련 기사들.
39	4242	헝가리 직업총동맹(SZOT)의 1976년 조선 출장에 관하여(구성, 규모, 시기 등).
39	4242-1	헝가리에서 조선과의 연대를 위한 대규모 집회 관련 보고.
39	4242-2	헝가리-조선의 직업동맹 간(間) 관계.
39	4242-3	직업총동맹 파견단에 자료 요청.
39	4242-4	소피아에서 노동조합세계동맹(SZVSZ)의 연대(連帶) 대집회(大集會) 계획.
39	4301	헝가리-조선의 학술-기술 소위원회 제4차 회의.
39	4301-1	회의록.
39	4301-2	회의록.
39	4342	씰리(Szili) 동지가 리기선(Li Gi Szon)에게 전하는 서신.
39	4342-1	조선 외교관의 방문.
39	4372	헝가리-조선의 항공 협력.
39	4372-1	헝가리-조선의 항공 협력.
39	4372-2	1976년 8월 27일-9월 6일, 평양에서 개최되는 사회주의 국가 항공 요금 회의에 대한 준비.
39	4697	조선해양청의 규정과 외국인 관련 대처에 관한 정보.
39	4699	조선의 생활수준 상황에 대한 자료들.
39	4861	너지까떠(Nagykáta, 헝가리의 지명) 협동농장 농장장(農場長)의 서신 전달.
39	4868	라뜨꺼이 페렌쯔(Rátkai Ferenc) 대사관 관원(館員)의 업무 요약 보고.

39	5028	기(旣) 사용한 우편물 확인서 파기에 관해 적은 기록.
39	5056	꾸띠 죄르지(Kuti György) 2등 서기관의 연차(年次) 요약 보고.
39	5056-1	지역국(地域局)에서 꾸띠 죄르지(Kuti György)의 요약 보고.
39	5539	지역국(地域局)에서 라뜨꺼이 페렌쯔(Rátkai Ferenc)의 요약 보고.
39	5578	헝가리-조선의 관계에서 라디오 방송국과 텔레비전 방송국 간(間) 협력.
39	5578-1	헝가리-조선의 텔레비전 방송국 대표 모임.
39	5579	헝가리-조선의 통신사 간(間) 협력.
39	5583	헝가리-조선의 신문기자동맹의 현안들.
39	6136	직업총동맹 파견단의 조선 방문.
39	6192	헝가리-조선의 군민(軍民)스포츠연맹(MHSZ)의 관계.
39	6305	중국-조선의 무역 규모에 관한 정보.
39	6306	캄보디아 여성파견단의 조선 방문.
39	6384-1	최용건(Coj Jen Gen) 사망에 대한 조의 표명.
39	6880	(트랙터 뒤에서 경지를 고르는) 기계 쟁기 운송을 조선이 요청(조선이 요구하는 규격은 헝가리에서 생산하지 않기 때문에 제공 불가).
39	6919	불가리아-조선의 문화 관계.
39	7550	동독 신문기자동맹 사절단의 조선 방문.
39	7559	조선에서 남한 선박 "신진호"의 청년.
39	7560	남북 간(間) 제19차 적십자 전문가 회담.
39	7561	루마니아 당(黨) 노동자 파견단의 조선 방문.
39	7679	조선 연대(連帶)의 달 행사에 대한 제안.

Box 번호	문서번호	제목
39	459-1	조선의 평화 통일을 주제로 한 대회의 프랑스어 자료를 빈쩨 요제프(Vince József) 대사(브뤼셀)가 보고.
39	459-2	뻐떠끼 샨도르(Pataki Sándor) (평양) 대리대사가 조선 토지법의 헝가리어 번역본을 송부.
39	459-3	뻐떠끼 샨도르(Pataki Sándor) (평양) 대리대사가 조선중앙통신사의 1976년 연감 목차와 헝가리와 관련된 부분에 대한 번역본을 보고.
39	465-2	(평양의) 써보 페렌쯔(Szabó Ferenc) 대사가 1976년 조선의 운송물에 대한 평양 주재 헝가리 상무관의 평가를 송부.
39	961	헝가리 학술원과 조선 학술원 간(間)의 협력 상황에 대한 헝가리 학술원의 보고.
39	961-1	헝가리 학술원의 1977년 조선 출장 계획 및 예정된 상호 학자 교환에 관한 보고.
	961-2	헝가리 학술원과 조선 학술원 간(間)의 협력 과업계획.
39	961-3	1978-1979년의 협력 과업계획에 대하여 헝가리 학술원이 조선 학술원에 전하는 서신 복사본 송부(러시아어).
39	1075	허담(Ho Dam) 조선 외무상이 경우에 따라 1977년 1월 8일 부다페스트 경유 가능함을 보고.
39	1138	평양 주재 헝가리 대사관의 1등 서기관인 뻐떠끼 샨도르(Pataki Sándor)가 1977년 1월 17일, 임지(任地)로 출국하는 것에 대한 보고.
39	1138-1	관련 기관을 소개 인사 차 방문한 것에 대해 평양 주재 헝가리 대사관 1등 서기관, 뻐떠끼 샨도르(Pataki Sándor)의 보고.

39	1257-1	너지까떠(Nagykáta, 헝가리의 지명)의 헝가리-조선 친선 협동농장 지도자들에게 보내는 김일성(Kim Ir Szen)의 신년 축하 회신을 써보 페렌쯔(Szabó Ferenc) (평양 주재 헝가리) 대사가 송부.
39	1257-2	너지까떠(Nagykáta, 헝가리의 지명)의 헝가리-조선 친선 협동농장의 조선 측과의 관계에 관해 협동농장 전국평의회와 외무성의 서신 교환.
39	1257-3	너지까떠(Nagykáta)의 헝가리-조선 친선 협동농장의 조선 측과의 관계에 관해 협동농장 전국평의회와 외무성의 서신 교환.
39	1831-2	내무성 다뉴브(Duna) 예술공연단의 평양 초청 공연 및 귀국 시 사라진 화물에 관하여 내무성, 헝가리 방송국(MTV), 평양의 헝가리 대사관과 외무성 간(間)의 서신 교환.
39	2088	조선 무관(武官)이 1977년 1월 26일 방문하여 쏠노끄(Szolnok, 헝가리의 지명)에서 행한 사령부 연설을 조선의 신문이 오보(誤報)함으로 인해 국방성(省) 외무과가 이 연설문을 발송.
39	2568	(헝가리) 문화성(省)이 (헝가리) 사진예술가동맹으로부터 연대(連帶) 성명 요청에 관해 1977년 1월 25일에 받은 조선 대사관의 러시아어 서신을 (헝가리 외무성에) 발송.
39	2568-1	조선의 정당과 사회단체들의 1977년 1월 25일자(日字) 서신에 대해 애국인민전선(HNF) 전국평의회가 연대 성명에 관하여 회신.
39	2568-2	조선에서 국가 통일에 대해 1977년 1월 25일 발표한 4개항의 제안에 관한 보고.
39	2634	비로 요제프(Bíró József) 무역상(相)과 그 사절단이 1977년 3월 3일에 박성철(Pak Szong Csol) 조선 수상을 방문한 것에 대한 (평양 주재 헝가리 대사관) 써보 페렌쯔(Szabó Ferenc) 대사의 보고. 비로 요제프(Bíró József) 박사와 조선의 부총리이자 무역

		상(相)인 계응태(Ké Ün The) 간(間)의 대화에 관한 평양의 헝가리 상무관의 보고(1977년 2월 2일). 1977년도 헝가리-조선의 물자교환-교역 및 지불 합의와 관련된 회의 결과와 1976년의 성과에 관한 보고.
39	2634-1	1977년 헝가리-조선의 물자교환-교역 회담에 관한 무역성 (省)의 보고와 본 주제와 관련한 (헝가리) 외무성 조선 담당자의 보고.
39	2634-2	1978년 헝가리-조선의 물자교환-교역 및 지불 합의에 관한 회담 관련 무역성의 보고.
39	2634-3	1978-1980년, 헝가리-조선의 가격회담에 관하여 외무성과 평양 (주재 헝가리) 대사관에 보내는 무역성의 송부자료.
39	3190	1977년 3월 25일에 오상권(O Száng Kvon) 조선 외교관을 방문한 것에 관해 문화관계연구소가 보고서를 (헝가리 외무성으로) 발송함.
39	3190-1	조선의 3등 서기관 오상권(O Száng Gvon)의 1977년 4월 12일 외무성 방문에 관한 보고.
39	3190-2	조선의 3등 서기관 오상권(O Száng Gvon)의 1977년 4월 12일 외무성 방문에 관한 보고.
39	3190-3	조선 외교관 오상권(O Száng Kvon)의 1977년 8월 17일 방문에 관하여 문화관계연구소(KKI)가 헝가리 외무성에 보고서 발송.
39	3864	버스 판매 가격과 관련하여 조선 측과 1977년 3월 30일에 진행한 회담에 대해 (평양의) 써보 페렌쯔(Szabó Ferenc) 대사가 상무관의 보고서를 발송.
39	3865	평양에서 1976년에 서명한 헝가리-조선의 농업 협력에 관한 (평양 주재 헝가리 대사관) 써보 페렌쯔(Szabó Ferenc) 대사의 보고.
39	3865-1	1976-1977년도 헝가리-조선의 기술-학술 협력 과업계획에 관한 헝가리 농식품성(農食品省, MÉM)의 송부자료.

39	3865-2	1976-1977년도 헝가리-조선의 기술-학술 협력 과업계획에 기초하여 헝가리 전문가들의 조선 출장에 관한 헝가리 농식품성의 송부자료.
39	3872	조선의 체육 및 스포츠 위원회의 요청과 사절단 및 운동선수의 상호 방문에 관한 헝가리 군민(軍民)스포츠연맹(MHSZ)의 서신.
39	3872-1	헝가리 군민(軍民)스포츠연맹(MHSZ) 사절단의 방문과 관련하여 이 단체가 조선의 체육 및 스포츠 위원회에 회신 전보(電報)를 발송.
39	4019	1977년 5월 12일, 김제석(Kim Dze Szuk) 조선 대사의 외무성 방문에 관한 보고.
39	4019-1	1977년 5월 4일, 김제석(Kim Ze Szuk) 조선 대사가 로너이 루돌프(Rónai Rudolf) 문화관계연구소(KKI) 소장을 소개 인사 차 방문한 것에 대한 보고.
39	4019-2	1977년 6월 2일, 김제석(Kim Ze Szuk) 조선 대사가 데메떼르 샨도르(Demeter Sándor) 문화관계연구소(KKI) 부소장을 소개 인사 차 방문한 것에 대한 보고.
39	4019-3	1977년 6월 16일, 김제석(Kim Ze Szuk) 조선 대사의 방문에 관한 외무성 부상(副相)인 하지 벤쩰 박사(Dr. Házi Vencel)의 보고.
39	4019-4	1977년 8월 31일, 김제석(Kim Dze Szuk) 조선 대사가 외무성을 방문한 것에 대한 보고.
39	4019-5	헝가리를 방문한 조선의 군인 파견단 및 남한 학생운동과 관련하여 1977년 10월 2일, 외무성을 방문한 김제석(Kim Dze Szuk) 조선 대사의 의견 보고.
39	4019-6	Jeunesses Musicales International의 서울 총회와 관련하여 문화성의 송부자료(헝가리 불참, 오스트리아에 투표권 이양).
39	4019-7	1977년 11월 14일, 어얀 떠마쉬(Aján Tamás, 전국 체육-스포츠청(廳) 소속)의 남한과의 회담 및 남한의 학생운동과 관련하여 외무성을 방문한 김제석(Kim Dze Szuk) 조선 대사의 의견 보고.

39	4204	문화관계연구소(KKI)가 서명 절차가 남아 있는 헝가리-조선의 1977-1978년 문화과업계획을 발송.
39	4587	무역성(KKM)이 "헝가리-조선의 경제 관계의 현황과 발전의 문제점들"이라는 제목의 안내서를 송부.
39	4789	조선에 대한 개관.
39	4789-1	평양에 대한 안내.
39	4805	주(駐) 평양 헝가리 대사관 건물 상황에 대한 보고.
39	4806	조선 외무성의 의전 관례에 대한 뻐떠끼 샨도르(Pataki Sándor) 대리대사(평양)의 보고.
39	4806-1	조선 방문에 대한 준비로서 건배사(乾杯辭)와 관련한 외무상 뿌여 프리제쉬(Puja Frigyes)의 안(案).
39	4806-2	외무상 뿌여 프리제쉬(Puja Frigyes)의 조선 방문 프로그램에 관한 조선의 안(案).
39	4806-3	외무상 뿌여 프리제쉬(Puja Frigyes)의 조선 방문과 관련하여 언론의 보고 보충.
39	4806-4	조선의 내부 상황, 국제적인 활동 및 헝가리-조선의 관계에 대한 안내.
39	4806-5	1977년 8월 16일-21일의 기간 동안 조선을 방문한 외무상 뿌여 프리제쉬(Puja Frigyes)의 발표문 초안.
39	4806-6	외무상 뿌여 프리제쉬(Puja Frigyes)의 조선 방문 준비에 대한 보고.
39	4807	조선의 외교 관계에 대한 뻐떠끼 샨도르(Pataki Sándor) 평양 주재 헝가리 대사관 대리대사의 보고. 외교관계를 수립한 국가 목록 및 조선과 남한의 외교 관계를 요약한 도표 첨부.
39	4981	평양의 헝가리 거주민들에 관한 보고.
39	4981-1	평양 주재 헝가리 대사관에 대한 보급과 관련한 보고.
39	4982	한국전쟁 종전 25주년을 맞이하여 전쟁사(戰爭史) 박물관에서 계획한 기념행사에 대한 보고.
39	4986	조선과 체결한 중요한 합의서들에 대한 보고.

39	5020	문화성(省)이 조선 영화보관소 파견단의 헝가리 방문에 관해 작성한 기록 보고(1977년 4월 16일-22일).
39	5052	"조선에서 의전적인 관계들, 복장 및 식사"라는 제목의 보고.
39	5479	헝가리와 조선 외무성 간(間) 1977-1978년 협력 합의서.
39	5744	라뜨꺼이 페렌쯔(Rátkai Ferenc) 평양 주재 헝가리 대사관 3등 서기관의 요약 보고.
39	5752	꾸띠 죄르지(Kuti György) 평양 주재 헝가리 대사관 2등 서기관의 요약 보고.
39	5752-1	꾸띠 죄르지(Kuti György) 2등 서기관의 연차(年次) 보고를 평양 주재 헝가리 대사 써보 페렌쯔(Szabó Ferenc)가 알림.
39	5826	뿌여 프리제쉬(Puja Frigyes) 외무상이 조선 외무성 부상(副相) 허담(Ho Dám)과 조선 외무상에게 초청장 발송을 제안.
39	5859	조선-일본의 비(非)정부간 어업 및 무역 회담에 관한 보고.
39	6096	새로운 헝가리-조선의 문화 협정에 대한 체결 제안.
39	6098	1968년에 체결한 헝가리-조선의 항공 협정에 대한 수정 제안.
39	6098-1	헝가리-조선의 항공 협력에 관한 교통-우편성(省)의 송부자료.
39	6245	사회주의 국가들의 각종 예술 행사에 조선의 참가와 관련한 보고.
39	6415	조선의 상업 대학 파견단이 계획한 헝가리 방문에 대한 보고.
39	6415-1	조선의 상업 대학 파견단에 대한 환영행사와 관련된 국내 상업성(省)의 송부자료.
39	6512-2	조선의 국가원수 김일성(Kim Ir Szen)의 재선출에 관한 보고.
39	6589	헝가리-조선의 관광 관계 확대에 대하여 이부쓰(IBUSZ, 헝가리 국영 여행사)에 전하는 안내 서신.
39	6949	정부 간(間) 위원회 회의와 관련하여 조선 측의 발언에 대해 씰리 기저(Szili Géza) 중공업성(省) 부상(副相)에게 전하는 송부자료.

Box 번호	문서번호	제목
17	468	남한 정부 구성원과 주요 인사(人士)의 헝가리어로 된 명단에 대한 써보 페렌쯔(Szabó Ferenc) 대사의 보고.
17	2875	전국 체육-스포츠청(廳) 청장(廳長)인 처나디 아르빠드 박사(Dr. Csanádi Árpád)가 국제역도연맹 의장인 어얀 떠마쉬(Aján Tamás)에게 역도 세계선수권대회 준비를 위한 참가 목적으로 남한 방문의 필요성에 관한 자료를 보냄.
17	2875-1	국제역도연맹 의장인 어얀 떠마쉬(Aján Tamás)의 1977년 11월 10일-12일 남한 방문에 관하여 명함, 파견단의 프로그램 및 (남한) 신문 기사들을 첨부하여 보고함.
17	2875-2	국제역도연맹 헝가리 의장인 어얀 떠마쉬(Aján Tamás)에게 "(남한을 방문한) 최초의 동유럽 스포츠 지도자"로 칭하며, 서울 방문에 대하여 쓴 남한의 신문 기사들을 대사 꼬쉬 뻬떼르 박사(Dr. Kós Péter)가 보고(報告).
17	2888	헝가리 상공회의소가 남한 상공회의소의 회람 서신을 송부하며 남한의 관계 수립 시도에 관한 (헝가리) 외무성의 입장을 요청.
17	3191	국제공연이사회(Nemzetközi Koncertigazgatóság)가 세계적인 명성의 남한 바이올리니스트 정경화(Kyung-Wa-Chung)의 초청 연주에 관한 입장을 요청.
17	3655	입국 허가 없이 한국무역공사 부사장인 남한 국적 오일수(OH Il Soo)의 헝가리 체류 및 메디코(MEDIKOR)와 관련된 회담에 관한 보고.
17	3774	주(駐) 비엔나 남한 대사관 직원인 한영택(Young-Taik Han)의 관계 수립 시도에 대한 (비엔나 주재 헝가리) 대사 너지 러요쉬 박사(Dr. Nagy Lajos)의 보고.

17	4786	상호 관계 수립에 대한 남한 국립 박물관의 제안을 담은 서신을 헝가리 국립 박물관 관장이 보고하고, 이에 대한 문화성(省)의 안내(지침).
17	4788	헝가리 상공회의소가 상무(商務) 참사 꼬즈머 미끌로쉬 박사(Dr. Kozma Miklós)를 수신인으로 한 서울의 해외경제연구소 소장, 배의환(Ei Whan Pai)의 서신을 (헝가리 외무성으로) 보내 옴.
17	6889	남한의 리마(Lima) 대사관으로부터 받은 남한의 국경일 행사 초청장에 대해 죄르지 예뇌(György Jenő) 대사(리마, 페루)가 보고.

Box 번호	문서번호	제목
53	296	조선민주주의인민공화국 수립 30주년을 맞아 헝가리 지도 자들이 조선의 지도자들에게 보내는 전보(電報). 부다페스트, 1978년 9월 8일.
53	296-1	조선민주주의인민공화국 수립 30주년을 맞아 황장엽(Hvan Dzang Jop) 조선 최고인민의회 상임 위원회 의장에게 전하 는 어쁘로 언떨(Apró Antal) (헝가리) 국회의장의 축전(祝 電). 부다페스트, 1978년 9월 8일.
53	296-2	조선민주주의인민공화국 수립 30주년을 맞아 조선 대사관 을 통해 입수한 언론 간담회 자료. 부다페스트, 1978년 9월 6일.
53	298	폴란드 해상운송회사(POL) 대표와 1977년 12월 19일에 진 행한 회의에 관한 평양 주재 헝가리 상무관 비서의 기록 보고. 평양 헝가리 대사관, 평양, 1978년 1월 20일.
53	298-1	리종옥(Li Dzong Ok) 총리의 조선 경제 상황을 주제로 한 연설에 관하여 평양 주재 헝가리 상무관 참사의 기록 보고. 평양 헝가리 대사관, 1978년 1월 19일.
53	298-2	평양 주재 이집트 대사관의 1등 서기관, 중국의 상무(商務) 참사, 오스트리아의 상무(商務) 참사, 폴란드의 상무(商務) 주재관(attaché) 및 평양 주재 소련의 상무(商務) 참사 대리 와 나눈 대화에 관한 평양 주재 헝가리 상무관의 기록 사본 보고. 평양 헝가리 대사관, 평양, 1978년 3월 21일.

53	298-3	평양 주재 동독의 상무(商務) 주재관(attaché), 쿠바의 상무관 관원, 그리고 중국의 상무(商務) 참사와 나눈 대화에 관한 평양 주재 헝가리 상무관의 기록 사본 보고. 평양, 1978년 3월 31일.
53	298-4	평양 주재 동독의 상무(商務) 참사와 베트남의 상무(商務) 참사와 나눈 대화에 관한 평양 주재 헝가리 상무관의 기록 사본 보고. 평양 헝가리 대사관, 평양, 1978년 9월 19일.
53	298-5	1978년 1월 1일부터 9월 30일까지 헝가리로 (운송된) 조선 제품에 대한 평양 주재 헝가리 상무관의 기록 보고. 평양 헝가리 대사관, 평양, 1978년 11월 3일.
53	298-6	조선의 민항기 수입에 관한 평양 주재 헝가리 상무관의 기록 보고. 평양 헝가리 대사관, 평양, 1978년 11월 3일.
53	298-7	1978년 소련-조선의 물자 교환 교역에 대한 평양 주재 헝가리 상무관의 기록 보고. 평양 헝가리 대사관, 평양, 1978년 11월 3일.
53	298-8	1979년 폴란드-조선의 물자 교환과 관련된 국가 간(間) 회의에 대한 평양 주재 헝가리 상무관의 기록 보고. 평양 헝가리 대사관, 평양, 1978년 11월 3일.
53	298-9	1978년 체코슬로바키아-조선의 가격 회담에 관한 평양 주재 헝가리 상무관의 기록 보고. 평양 헝가리 대사관, 평양, 1978년 11월 3일.
53	298-10	조선의 대외경제성(省) 부상(副相) 및 조선-헝가리의 경제 및 학술-기술 자문 정부 간(間) 위원회의 조선 측 부위원장인 천승남(Ten Szong Nam)에게 전하는 씰리 기저(Szili Géza) 중공업성(重工業省) 부상(副相)의 서신을 수취인이 접수할 수 있도록 우선 외무성으로 발송함.
53	649-2	조선의 대외경제성(省) 부상(副相) 및 조선-헝가리의 경제 및 학술-기술 자문 정부 간(間) 위원회의 조선 측 부위원장인 천승남(Ten Szong Nam)에게 전하는 씰리 기저(Szili Géza)

		중공업성(重工業省) 부상(副相)의 서신을 수취인이 접수할 수 있도록 우선 외무성으로 발송함. 부다페스트, 1978년 4월 18일.
53	817	헝가리-조선의 문화 관계 및 사회주의 국가들의 다각적인 행사에 조선의 참여와 관련한 요약서를 외무성에 송부. 문화성, 부다페스트, 1978년 1월 9일.
53	817-1	김관섭(Kim Gvan Szop) 조선 문화관계위원회 위원장의 1978년 2월 중순으로 예정된 헝가리 방문과 관련하여 문화관계연구소에 보내는 외무성 제4과의 서신. 부다페스트, 1978년 2월 8일.
53	817-2	문화관계연구소의 요청을 담은 전보를 수취인이 접수할 수 있도록 우선 외무성으로 발송-김관섭(Kim Gvan Szop) 조선 문화관계위원회 위원장이 1978년 2월 18일이 아닌, 1978년 3월 10일-20일 사이 헝가리를 방문해 주기 바람. 부다페스트, 1978년 2월 13일.
53	817-3	김관섭(Kim Gvan Szob) 조선 문화관계위원회 위원장의 예정된 헝가리 방문 시기에 대해 부다페스트 주재 조선 대사인 김제석(Kim Ze Szuk)과 1978년 2월 8일에 나눈 대화 관련 문화관계연구소의 보고를 외무성에 발송(헝가리 측으로부터 2개의 시기 제안: 1978년 2월 10일-20일, 혹은 3월 10일-20일 사이). 부다페스트, 1978년 2월 14일.
53	817-4	1977-78년의 헝가리-조선 간(間) 문화과업 실행 만료 후, 새로운 과업 계획의 헝가리 측 안(案) 수립에 대한 헝가리 외무성 제4국의 서신. 부다페스트, 1978년 8월 14일.
53	817-5	김관섭(Kim Gvan Szob) 조선 문화관계위원회 위원장의 예정된 헝가리 방문에 대해 부다페스트의 조선 대사인 김제석(Kim Ze Szuk)과 1978년 2월 8일에 나눈 대화에 관한 (헝가리) 외무성 제4과의 보고. 부다페스트, 1978년 2월 13일.

53	818	헝가리 외무성 제4 지역국의 보고: 오상권(O Száng Gvon) 부다페스트 대리대사의 안내에 따르면 조선 인민군의 날을 지금부터 4월 25일에 기념하기로 함.
53	854	헝가리 국방성(省) 스포츠연맹이 조선 측 관계기관 조직에 대한 1978년의 계획을 외무성에 송부. 부다페스트, 1978년 1월 17일.
53	854-1	1978년 7월 5일-10일 동안 헝가리에서 개최되는 국제 사격 선수권대회에 15인의 조선측 스포츠 파견단 참가에 대해 조선 체육 및 운동위원회 의장인 김유순(Kim Ju Szun)에게 보내는 헝가리 국방성(省) 스포츠연맹 총비서인 끼쉬 러요쉬(Kiss Lajos) 소장(少將)의 초청장.
53	854-2	헝가리 국방성(省) 스포츠연맹 총비서인 끼쉬 러요쉬(Kiss Lajos) 소장(少將)의 친서를 조선 체육 및 스포츠위원회에 전달 요청의 목적으로 평양 헝가리 대사관으로 보내며, 그 내용은 총비서의 과중한 업무로 조선 측의 방문을 1979년 5월 상반기로 해달라고 청하는 것임. 부다페스트, 1978년 9월 29일(참고 자료가 첨부되어 있음).
53	1318	조선국제려행사와 이부쓰(IBUSZ, 헝가리국영여행사) 간(間) 1978-79년도 여행자 교환에 대해 진행한 회담 내용을 각서로 서명. 부다페스트, 1978년 1월 24일.
53	1341	조선의 중국 상무(商務) 참사 창탁(Csáng Thák)과 1977년 11월 5일 중국-조선 경제 관계에 대해 나눈 대화에 관한 평양 헝가리 상무관의 기록 보고. 평양 헝가리 대사관, 1978년 1월 20일.
53	1342	1978년 2월 2일-24일 간(間) 프라하에서 예정된 조선-체코슬로바키아의 정부 간(間) 경제 및 기술-학술 자문 위원회 회의 일정과 관련한 조선 측 제안에 대하여 평양의 헝가리 대사관의 보고. 평양, 1978년 1월 17일.

53	1343	평양의 헝가리 대사 써보 페렌쯔(Szabó Ferenc)의 함경북도 청진시 방문에 대한 견습관(見習官) 쒸치 라쓸로(Szűcs László)의 기록 보고. 평양 헝가리 대사관, 평양, 1978년 1월 27일.
53	1344	독일사회주의통일당 총비서이자 독일민주공화국 국무회의 의장인 에리히 호네커(Erich Honecker)의 예정된 조선 방문과 관련하여 의전 및 언론분야에서의 준비와 진행상황. 평양 헝가리 대사관, 평양, 1978년 1월 18일.
53	1345	조선의 외무성으로부터 받은, 남북 적십자사 간(間)에 진행된 회담에 대해 입수한 정보 관련 평양 주재 헝가리 대사관의 보고. 평양, 1978년 1월 13일.
53	1346	에리히 호네커(Erich Honecker)를 단장으로 한 독일민주공화국 파견단이 1977년 12월 조선 방문 시 서명한 조선-독일민주공화국(동독)의 새로운 영사 합의에 관한 평양 헝가리 대사관의 보고. 평양, 1978년 1월 19일.
53	1347	천리마 훈장을 수여 받은 평양 량구(Rjonggu) 지역의 고등 중학교를 1977년 12월 13일 방문한 것에 대한 견습관(見習官) 쒸치 라쓸로(Szűcs László)의 기록 보고. 평양, 1978년 1월 17일.
53	1512	조선 학술원 파견단의 1978년 1월 24일-2월 4일 헝가리 방문 프로그램 및 헝가리-조선의 학술원 간(間) 협력에 대해 작성한 기록을 외무성에 송부. 헝가리 학술원, 부다페스트, 1978년 2월 3일.
53	1512-1	헝가리 학술원과 조선 학술원 간(間) 1978-79년도 협력 과업 계획 및 서명 시 행한 연설 사본을 외무성에 송부(과업 계획이 첨부되어 있음). 헝가리 학술원, 부다페스트, 1978년 2월 8일.
53	1512-2	헝가리-조선 학술원의 협력 합의안에 따른 헝가리 전문가들(도보시 가보르(Dobosi Gábor)-지질화학 실험실, 끄누트

		엘뢰드(Knuth Előd)-전산 및 자동화 연구소, 씨쁘 엔드레(Szép Endre)-전산 및 자동화 연구소, 보이니츠 언드라쉬(Vojnits András)-자연과학 박물관, 똠셰이 오또(Tomschey Ottó,)-지질화학 연구 실험실)의 조선 파견에 대해 외무성에 보내는 (헝가리 학술원의) 서신. 부다페스트, 1978년 4월 28일.
53	1512-3	헝가리 학술원 국제 관계과(關係課)에 보내는 외무성 제4지역과의 서신: 헝가리-조선 학술원의 협력안에 따라 처버 라쓸로(Csaba László)와 껄로쉬 로베르뜨(Kallós Róbert) (전산 및 기계화 연구소), 동물학자 보이니츠 언드라쉬(Vojnits András)와 좀보리 러요쉬(Zombori Lajos), 씨쁘 엔드레(Szép Endre)와 끄누트 엘뢰드(Knuth Előd)(전산 및 자동화 연구소), 지질화학자 도보시 가보르(Dobosi Gábor)와 똠셰이 오또(Tomschey Ottó), 그리고 그 외 전산 및 기타 전문가들의 조선 파견에 대해. 부다페스트, 1978년 5월 30일.
53	1512-4	헝가리-조선 학술원 협력안에 따른 처버 라쓸로(Csaba László), 껄로쉬 로베르뜨(Kallós Róbert), 보이니츠 언드라쉬(Vojnits András), 좀보리 러요쉬(Zombori Lajos), 씨쁘 엔드레(Szép Endre), 끄누트 엘뢰드(Knuth Előd), 도보시 가보르(Dobosi Gábor), 똠셰이 오또(Tomschey Ottó)의 조선 출장에 관해, 그리고 동일한 학술원 협력안에 따른 조선 전문가들의 헝가리 방문에 관해 외무성에 보내는 (헝가리 학술원의) 서신. 부다페스트, 1978년 6월 19일.
53	1512-5	평양 대사관의 1978년 10월 13일의 전문(電文)에 대해 헝가리 학술원이 외무성으로 전하는 안내: 자비(自費)로 헝가리에 입국하는 2인의 조선 전문가들에 대해 수용 불가. 부다페스트, 1978년 10월 13일.
53	1835	너지까떠(Nagykáta, 헝가리의 지명)의 헝가리-조선 친선 협동농장이 조선 측의 관계기관 협동농장인 운봉(Unbong)의 조선-헝가리 친선 협동농장과 맺은 관계에 대하여 협동농

		장 전국평의회에 보내는 외무성 제4 지역국의 서신. 부다페스트, 1978년 2월 21일.
53	1927-1	헝가리 농식품성(農食品省)의 서신과 관련, 외무성에 전하는 테스코(TESCO, Nemzetközi Műszaki-Tudományos Együttműködési Iroda, 국제 기술-학술 협력청)의 안내: 1. 헝가리-조선의 기술-학술 협력 관련. 2. 업체 관련 조선의 요구들. 3. 안내를 위하여 외무성에도 전함. 농식품성의 서신에는 헝가리의 지렁이 양식, 물 침잠(沈潛) 절차, 거위 사육 등의 연구를 위해 헝가리로 출장이 예정된 조선 전문가들에 대한 언급도 있음. 부다페스트, 1978년 3월 7일.
53	1928	평양 주재 헝가리 대사관으로 계획 송부: (헝가리) 애국인민전선(HNF)과 부다페스트 주재 조선민주주의인민공화국 대사관의 1978년 공동 행사 계획. 부다페스트, 1978년 2월 28일.
53	2020	무역성(貿易省)의 사회주의 국가국(國家局)으로부터 1977년 헝가리-조선의 물자교환-교역량에 대해 받은 안내에 관한 헝가리 외무성 제5 지역국의 보고. 부다페스트, 1978년 2월 28일.
53	2050	1. 김제석(Kim Ze Szuk) 부다페스트 주재 조선민주주의인민공화국 대사가 수도(首都) 평의회 의장 씨쁘뵐지 졸딴(Szépvölgyi Zoltán)을 방문. 2. (헝가리 측) 의장을 평양으로 초청하는 것에 관하여 헝가리 외무성에 알리는 헝가리 수도(首都) 평의회 합동위원회의 서신. 부다페스트, 1978년 2월 23일.
53	2050-1	씨쁘뵐지 졸딴(Szépvölgyi Zoltán) 부다페스트 평의회 의장의 평양 초청과 관련하여, 수도 평의회 합동위원회로 그 방문 일정을 알리는 외무성 제4 지역국의 서신. 부다페스트, 1978년 4월 28일.
53	2050-2	헝가리 외무성으로 보내는 수도(首都) 평의회 합동위원회의 서신: 씨쁘뵐지 졸딴(Szépvölgyi Zoltán) 부다페스트 평

		의회 의장의 조선 초청 일시와 관련하여 1978년 10월 셋째 주를 추천. 부다페스트, 1978년 7월 12일.
53	2050-3	수도(首都) 평의회 합동위원회에 보내는 외무성 제4 지역국의 서신으로서, 평양 주재 헝가리 대사관의 안내에 따르면 조선 측은 미리 합의한 일시(日時)에 씨쁘뵐지 졸딴(Szépvölgyi Zoltán) 수도(首都) 평의회 의장이 방문할 것으로 인지하고 있다는 내용. 부다페스트, 1978년 8월 14일.
53	2050-4	수도(首都) 평의회 합동위원회에 보내는 외무성 제4 지역국의 서신으로서, 평양의 헝가리 대사관 안내에 따르면 헝가리 측에서 지정한 일시(日時)에 대해 평양시 지도자들이 씨쁘뵐지 졸딴(Szépvölgyi Zoltán) 수도(首都) 평의회 의장과 그 수행단이 방문할 것으로 인지하고 있다는 내용. 부다페스트, 1978년 8월 25일.
53	2394	기념 축일(祝日)들(조선민주주의인민공화국 수립 30주년, 헝가리-조선의 외교 관계 수립 30주년, 한국전쟁 종전 25주년, 헝가리공산주의자당(黨) 창당 60주년)에 대한 1978년의 경축 행사와 관련하여 평양 주재 헝가리 대사관에 보내는 외무성 제4 지역국의 서신. 부다페스트, 1978년 3월 20일.
53	2394-1	조선민주주의인민공화국 수립 30주년을 맞아 호프 페렌쯔 동아시아 예술 박물관(Hopp Ferenc Kelet-ázsiai Művészeti Múzeum)이 "조선의 예술"이라는 제목으로 개최 예정인 전시회에 관하여 헝가리 외무성에 보내는 문화성(文化省)의 서신. 부다페스트, 1978년 8월 8일.
53	2394-2	조선에서 유효한 의전적인 관행들 및 복장과 식사에 대한 외무성 제4 지역국의 보고. 부다페스트, 1978년 8월 29일.

53	2394-3	조선민주주의인민공화국 수립 30주년과 관련하여 쎄끼르 쥴러(Szekér Gyula) 부수상을 단장으로 한 당(黨) 및 정부 파견단의 조선 방문에 대한 내각의 3354/1978호 결정문. 부다페스트, 1978년 8월 25일.
53	2394-4	조선민주주의인민공화국 수립 30주년을 맞아 개최되는 평양의 축하 행사에 쎄끼르 쥴러(Szekér Gyula) 부수상을 단장으로, 1978년 9월 5일-12일 간(間) 해외 방문을 하게 되는 정부 사절단에 대한 공식성명의 초안. 부다페스트, 1978년 9월 4일.
53	2394-6	외무성 제4 지역국: 써보 삐떼르(Szabó Péter) 조선 담당관이 1978년 9월 5일에 평양으로 향하는 헝가리 당 및 정부 파견단을 수행할 것이기에 이를 인지하고 여권(旅券)에 대해서도 신경을 쓸 것. 부다페스트 1978년 9월 4일.
53	2394-7	1978년 9월 14일자 신문들에 기사화(記事化)될 수 있도록 쎄끼르 쥴러(Szekér Gyula) 부수상을 단장으로 한 당(黨) 및 정부 파견단의 조선으로부터 귀국에 관하여 외무성 제4 지역국은 공식성명 발표를 제안. 부다페스트, 1978년 9월 11일.
53	2394-8	쎄끼르 쥴러(Szekér Gyula) 부수상을 단장으로 한 헝가리 당(黨) 및 정부 파견단의 조선 방문과 관련된 언론 발표를 외무성 제4 지역국이 제안. 부다페스트, 1978년 9월 1일.
53	2394-9	헝가리-조선의 외교 관계 수립 30주년(11월 11일) 기념행사와 관련한 외무성 제4 지역국의 제안. 부다페스트, 1978년 9월 20일.
53	2394-10	1978년 10월 11일, 헝가리-조선의 외교 관계 수립 30주년 관련 헝가리의 기념행사에 대해 김제석(Kim Ze Szuk) 부다페스트 주재 조선 대사와 나눈 대화. 외무성 제4 지역국의 제안 내용. 부다페스트, 1978년 10월 12일.

53	2394-11	헝가리-조선의 외교 관계 수립 30주년을 맞아 발송 예정인 축전 문구에 대한 외무성 제4 지역국의 제안. 부다페스트, 1978년 11월 9일.
53	2394-13	뿌여 프리제쉬(Puja Frigyes) 외무상(相)이 조선 외무상(相) 허담(Ho Dam)에게 헝가리-조선 외교 관계 수립 30주년을 맞아 발송 예정인 축전이 1978년 11월 11일자 신문들에 공식성명으로 발표될 것을 외무성 제4 지역국이 제안. 부다페스트, 1978년 10월 13일.
53	2394-14	헝가리-조선의 외교 관계 수립 30주년(11월 11일)에 대한 축하행사에 관하여 외무성 제4 지역국의 보충 제안. 부다페스트, 1978년 11월 8일.
53	2435	조선 정부의 1978년 2월 1일의 성명에 대해 헝가리의 연대를 표명하는, 헝가리 전국 평화평의회의 서신 발송. 부다페스트, 1978년 3월 23일.
53	2435-1	수취자(조선 평화평의회, 몽고 인민공화국 평화평의회)에게 초청장들이 건네질 수 있도록 (헝가리) 전국 평화평의회가 (헝가리) 외무성에 요청. 부다페스트, 1978년 8월 30일(참고 자료가 첨부되어 있음).
53	2666	평양 주재 헝가리 대사관의 1977년 상반기 헝가리-조선 관련 및 1/4분기 외교 행사 보고. 평양, 1978년 3월 24일.
53	2667	1978년 2월 초에 평양 주재 소련대사관의 언론 담당과 프라우다(Pravda)의 평양 주재 특파원이 조선-중국 간(間) 국경 마을 중 가장 큰 도시인 신의주(Szinidzsu)를 방문. 평양 헝가리 대사관, 1978년 3월 20일.
53	2668	평양 주재 헝가리 대사관의 보고: 조선 교육의 실제적인 문제에 대해 조선의 교육위원회 신임 의장인 김일대(Kim Il De)와 나눈 대화. 평양, 1978년 3월 21일.
53	2723	조선 정부의 각서(覺書)에 대해 연대를 표명하는, 조선직업총동맹 중앙 평의회에 보내는 (헝가리) 직업동맹 전국평

		의회의 전문(電文). 부다페스트, 1978년 3월 3일.
53	2728	김일훈(Kim Il Hun) 신임 울란바토르 조선 대사의 이력 보고. 울란바토르 헝가리 대사관, 울란바토르, 1978년 3월 1일.
53	2830-3	조선 만수대 예술단의 1978년 11월 2일-15일 간(間) 예정된 헝가리 초청 공연에 대하여 문화성(文化省)에 보내는 외무 성 제4 지역국의 서신. 부다페스트, 1978년 9월 19일.
53	3055-1	1978-79년, 헝가리-조선의 보건 과업 계획을 (헝가리) 외무 성에 송부. 부다페스트, 1978년 7월 12일(참고 자료가 첨부되어 있음).
53	3055-2	조선 보건성(省)의 부상(副相)인 최두관(Csö Du Kvan)을 단 장으로 한 조선 사절단이 1978년 6월 27일-7월 4일 간(間) 헝가리를 방문: 프로그램과 방문에 대해 준비한 자료 및 1978/79년도 헝가리-조선의 보건 업무 협력 과업 계획을 평 양 주재 헝가리 대사관으로 전하고자 이를 우선 (헝가리) 외무성에 제출. 보건성(省), 부다페스트, 1978년 7월 11일(참고 자료들 중 과업 계획과 기록물이 첨부되어 있음).
53	3055-3	조선 전문의(專門醫) 김하건(Kim Ha Gon), 김영일(Kim Jong Ir), 김철남(Kim Csal Nam), 최병록(Csö Bjong Rok)의 1979년 으로 예정된 헝가리 수학(修學) 방문에 관해 보건성(省)에 전하는 외무성 제4 지역국의 서신. 부다페스트, 1978년 12월 14일.
53	3107	대화 중 헝가리-스페인의 국가 간(間) 관계에 대해서도 관 심을 표명했던 김제석(Kim Ze Szuk) 부다페스트 조선 대사 의 방문에 관한 외무성 제11 지역국의 보고.
53	3107-1	김제석(Kim Ze Szuk) 부다페스트 주재 조선 대사가 박사 거럼뵐지 까로이(dr. Garamvölgyi Károly) 부수상을 방문한 것에 관한 교육성(敎育省)의 기록.

53	3107-2	김제석(Kim Dze Szuk) 부다페스트 주재 조선 대사가 1978년 5월 26일, 외무성 제4 지역국을 방문. 부다페스트, 1976년 5월 26일.
53	3191	조선 외무성 언론과 파견단의 동독 방문에 관한 베를린 주재(駐在) 헝가리 대사관의 보고. 베를린, 1978년 4월 25일.
53	3229	5월 1일 노동절 축하 행사를 맞아 벤께이 언드라쉬(Benkei András) 내무상이 최원익(Csö Von Ik) 조선 사회안전부장에게 보내는 축하 서신을 해당인에게 전달 목적으로 (헝가리) 외무성으로 발송(참고 자료가 첨부되어 있음).
53	3229-1	최원익(Csö Von Ik) 조선 사회안전부장이 벤께이 언드라쉬(Benkei András) 내무상에게 5월 축하 행사를 맞아 전하는 축하 서신 보고. 평양 헝가리 대사관, 평양, 1978년 5월 13일(참고 자료가 첨부되어 있음).
53	3276	김일성(Kim Il Szung) 조선 주석의 60주년 생일을 맞아 1978년 4월 12일에 비엔나에서 행한 만찬에 대하여 비엔나 주재 헝가리 대사관의 보고. 비엔나, 1978년 4월 14일.
53	3327	1978년 9월에 평양 주재 헝가리 대사관으로 발령이 나는 쉬프 죄르지(Schiff György)의 교육 계획에 관한 외무성 제4 지역국의 보고. 부다페스트, 1978년 5월 3일.
53	3993	최원익(Csö Von Ik) 조선 사회안전부장이 벤께이 언드라쉬(Benkei András) 내무상에게 쓴, 헝가리와 조선의 장관 부서 간(間) 휴가 교류와 관련되어 전하는 회신 보고. 평양 헝가리 대사관, 평양, 1978년 5월 10일(참조 자료가 첨부되어 있음).
53	4085	조선에서 국가 정상들의 관습적인 환영 행사와 평양 비행장에서 환송 의전에 관한 평양 헝가리 대사관의 보고. 평양, 1978년 5월 25일.

53	4125	조선 문화관계위원회의 초청으로 작가 벌라쉬 라쓸로(Baláss László)와 그 부인의 1개월 간(間) 조선 방문에 대한 문화성의 전언. 부다페스트, 1978년 6월 6일.
53	4216	김제석(Kim Ze Szuk) 부다페스트 주재 조선 대사의 방문과 조선 문화관계위원회로부터 로너이 루돌프(Rónai Rudolf) 문화관계연구소 소장의 조선 초청에 관한 문화관계연구소의 보고.
53	4372	조선 우편성(省) 파견단의 1978년 5월 15일-6월 15일까지 계획한 헝가리 방문에 대하여 교통-우편성(省)이 외무성에 안내문 송부. 부다페스트, 1978년 6월 14일.
53	4415	평양 주재 외교 단체 리스트 보고. 평양 헝가리 대사관, 평양, 1978년 6월 10일.
53	4416	외교 공관 단체에 (조선 측의) 보급 관련한 조사에 대하여 평양 주재 헝가리 대사관의 보고.
53	5252	헝가리-조선의 스포츠 관계에 대해 전국 체육-스포츠청(廳)에 전하는 외무성 제4 지역국의 서신. 부다페스트, 1978년 8월 9일.
53	5428	써보 삐떼르(Szabó Péter)가 평양 주재 헝가리 대사관에서 수행해야 할 과업 준비 및 그의 출국에 대한 외무성 제4 지역국의 보고. 부다페스트, 1978년 8월 18일.
53	5544	외무성 제4 지역국이 작성한 조선민주주의인민공화국에 관한 개관. 부다페스트, 1978년 8월 28일.
53	5585	조선의 적십자사가 헝가리 적십자사의 헌또쉬 야노쉬(Hantos János) 총재를 초청함을 알리는 (헝가리) 외무성 제4 지역국의 서신.

53	5585-1	헌또쉬 야노쉬(Hantos János) 총재의 조선 초청을 (조선 측 지도자에게) 감사하게 수용함에 대한 헝가리 적십자사의 서신. 부다페스트, 1978년 9월 26일.
53	5612	조선으로 돼지사육 연구를 위해 1978년 7월 3일-18일 간(間) 출국한 헝가리 파견단의 수학(修學) 방문 관련(헝가리) 농식품성(農食品省)의 출장 보고 송부. 부다페스트, 1978년 8월 30일.
53	5612-1	조선 농업위원회 파견단의 헝가리 도착 예상 시기를 명확히 해줄 것에 대하여 (헝가리) 농식품성이 외무성과 평양 주재 헝가리 대사관에 도움을 요청. 부다페스트, 1978년 9월 2일.
53	5784-1	조선-헝가리의 경제 협력에 대해 진행될 회담에서 논의가 이루어질 특별한 문제들과 조선 전문가들의 헝가리 방문에 대해 외무성에 전하는 중공업성(省)의 서신. 부다페스트, 1978년 9월.
53	5784-2	헝가리-조선의 경제 협력에 관하여 진행될 회담을 위해 두 팀의 조선 전문가 파견단이 1978년 10월 말경 헝가리로 도착 예정: 중공업성(省)에 전하는 (헝가리) 외무성의 서신. 부다페스트 1978년 10월 13일.
53	6063	조선 신문사 "로동신문"의 초청으로 조선을 방문한 폴란드의 일간지 "트리뷰나 루두(Tribuna Ludu)" 파견단에 관한 평양 주재 헝가리 대사관의 보고. 평양, 1978년 9월 19일.
53	6167	한반도 통일을 위해 도쿄에서 개최되는 제2차 국제회의를 헝가리사회주의노동자당에 전해줄 것 요청: 파리의 유네스코 대표단을 통한 조선의 서신 보고. 파리 헝가리 대사관, 파리, 1978년 9월 27일.
53	6262	헝가리의 선박들에 발생 가능한 여러 가능성들에 대하여 논의 후, 경우에 따른 남한 항구들의 이용에 관해 (헝가리)

		교통-우편성(省)이 외무성에 전하는 서신. 1978년 10월 5일.
53	6484	테스코(TESCO, Nemzetközi Műszaki-Tudományos Együttműködési Iroda, 국제 기술-학술 협력청)에서 (부다페스트, 1978년 10월 2일에) 기록한 바에 따르면, 헝가리-조선의 학술-기술 협동 소위원회 "5-01 회의"의 결정문에 따라 1978년 8월 7일-9월 30일 간(間) 조선 전문가들이 헝가리의 가전 냉장고 생산을 연구했음.
53	6484-1	평양 주재 헝가리 대사관의 전문(電文) 보고에 따르면 조선 대외무역성은 헝가리-조선의 기술-학술 협력의 합의로서 전문가들을 헝가리로 파견하고자 함. 평양, 1978년 11월 28일.
53	6484-2	서구로부터 구매한 면허(라이센스)에 기초해서 생산되고 있는 (예를 들면 텅스람(Tungsram), 헝가리의 전구회사), 새롭게 헝가리에서 적용된 기술들을 알고자 하는 조선의 요청에 대해 외무성 제4 지역국이 중공업성에 전하는 서신. 부다페스트, 1978년 12월 1일.
53	6484-3	조선 측으로부터 받은 안내에 따르면 터보 발전기와 관련한 헝가리-조선의 협력과 관련하여 1978년의 남은 기간에는 조선의 전문가들이 헝가리를 방문하지 않을 것임을 중공업성(省)에 전하는 외무성 제4 지역국의 서신. 부다페스트, 1978년 12월 19일.
53	6706-1	평양에서 외교 공무 수행 준비 중, (헝가리) 외무성의 관계 기관들을 소개 인사 차 방문한 것에 대한 쉬프 죄르지(Schiff György)의 보고. 외무성 제4 지역국, 부다페스트, 1978년 9월 6일.
53	6741	1978년 11월 9일 조선 외무성 성명의 간추린 요약. 외무성 제4 지역국, 1978년 11월 10일.
53	6898	몽고 인민혁명당 "우멘(UMEN)" 사절단의 1978년 9월 20일-30일 간(間) 조선 방문에 대한 평양 주재 헝가리 대사관의 보고. 평양, 1978년 11월 4일.

53	6899	체코슬로바키아 신문기자동맹 사절단의 1978년 10월 9일-18일 간(間) 조선 방문에 관한 평양 주재 헝가리 대사관의 보고. 평양, 1978년 11월 4일.
53	6900	프랑스산(産) 전파 탐지 설비의 조선 운송에 관한 평양 주재 헝가리 대사관의 보고. 평양, 1978년 10월 16일.
53	6901	허담(Ho Dam) 조선 외무상의 "우리 공화국의 국제적 위상은 계속하여 높아지고 있다"는 제목의 당 이론 기관지("근로자(Küllodza)" 1978년 9월호)에 게재된 기사 보고. 평양 헝가리 대사관, 1978년 11월 6일.
53	6945	1978년 10월 23일-11월 18일 간(間) 조선 의사단(醫師團)의 헝가리 방문에 대한 보건성(省)의 보고를 외무성으로 송부. 부다페스트, 1978년 11월 21일.
53	7409	외무성으로 전하는 교통-우편성(省)의 서신: 부다페스트를 통해 근동(近東)과 아프리카 국가들에 조선의 언론 및 선전 자료가 전달되기를 부다페스트 주재 조선 대사관이 요청. 부다페스트, 1978년 12월 14일.

Box 번호	문서번호	제목
50	378-1	런디 예뇌(Randé Jenő)에게 전하는 비엔나 주재 조선대사관의 서신(남한 반동분자들의 활동).
50	378-2	조선의 조국평화통일전선 중앙위원회 자료들.
50	380-1	조선의 지도자들에게 보내는 헝가리 지도자들의 축하 전문(電文).
50	382	상무관의 1978년 (활동) 요약.
50	382-1	상무관의 안내.
50	925	헝가리 지도들에서 조선 묘사.
50	1108	헝가리-조선의 군민(軍民)스포츠연맹(MHSZ) 관계들.
50	1174	헝가리에서 조선 의사들의 수학(修學) 방문.
50	1175	조선과 인도 간(間) 무역회담들.
50	1176	조선-유고슬라비아의 무역회담들.
50	1177	조선-스웨덴의 무역합의들.
50	1178	몽고-조선의 물자교역 회담들.
50	1179	체코슬로바키아-조선 물자교역 회담들.
50	1221	조선으로 영화사절단 초대.
50	1339	허담(Ho Dám) 외무상의 생일.
50	1416	박종석(Pak Dzsong Szok) 신임 조선 참사의 소개 인사 차 방문.
50	1416-1	박종석(Pak Dzsong Szok) 신임 조선 참사의 소개 인사 차 문화관계연구소 방문.
50	2	박종석(Pak Dzsong Szok) 신임 조선 참사가 소개 인사 차 갈 발린트(Gál Bálint)를 방문.
50	3	조선 외무성 부상(副相)의 헝가리 방문 의사(意思).

50	4	조선 외무성 부상(副相)의 헝가리 방문.
50	5	헝가리-조선의 문화 관계들.
50	1618	조선 대사의 전국판사평의회(OBT) 긴급 방문.
50	1618-1	조선 대사의 전국판사평의회(OBT) 긴급 방문.
50	1618-2	헝가리-조선의 경제 합동위원회 연석회의 준비.
50	3	조선 대사의 요청.
50	4	조선 대사의 방문.
50	5	석유탐사 설비 이양(移讓)과 관련된 조선의 요청.
50	6	김제석(Kim Ze Szuk) 조선 대사의 데메떼르 샨도르(Demeter Sándor) 이임 방문.
50	1880	조선으로 파견 전(前) 학습 계획 수행.
50	2134	조선과 쿠바 간 물자 교역 회담들.
50	2135	조선과 핀란드 간 무역 합의들.
50	2136	조선에서 동독 발(發) 운송 물자.
50	2137	조선과 폴란드 간 1979년 물자 교역 합의들.
50	2138	조선과 체코슬로바키아 간 물자 교역 회담들.
50	2139	조선의 대(對) 소련 수출 성과.
50	2140	조선과 중국 간 1979년 물자 교역 합의.
50	2141	멀리브(MALÉV, 헝가리 국영 항공)가 발행한 초과 중량 티켓을 조선 항공이 수용하지 않음.
50	2142	헝가리 군민(軍民)스포츠연맹(MHSZ) 의장에 대한 초청 서한.
50	2143	전구(電球) 생산에 있어 조선과 헝가리 간 협력.
50	2334	헝가리-조선의 스포츠 관계들.
50	2334-1	헝가리-조선의 스포츠 관계들.
50	2	헝가리-조선 스포츠 관계들.
50	2486	헝가리-조선의 정부 간 경제 및 기술-학술 자문 위원회 제4차 회의 준비.
50	2486-1	헝가리-조선의 정부 간 경제 및 기술-학술 자문 위원회 제4차 회의 기록물.

50	2	헝가리-조선의 정부 간 경제 및 기술-학술 자문 위원회 제4차 회의.
50	3	헝가리-조선의 정부 간 경제 및 기술-학술 자문 위원회 제4차 회의에서 합의된 결정들의 실행.
50	4	헝가리-조선의 정부 간 경제 및 기술-학술 자문 위원회 제4차 회의에서 합의된 결정들의 실행.
50	5	헝가리-조선의 정부 간(間) 경제 및 기술-학술 자문 위원회 제4차 회의에서 합의된 결정들의 실행.
50	6	테스코(TESCO, Nemzetközi Műszaki-Tudományos Együttműködési Iroda, 국제 기술-학술 협력청) 헝가리-조선의 정부 간 경제 및 기술-학술 자문 위원회 제4차 회의에서 합의된 결정들의 실행.
50	7	헝가리-조선의 정부 간 경제 및 기술-학술 자문 위원회 제4차 회의와 관련하여 조선의 제안.
50	8	씰리(Szili)와 치불러(Czibula) 동지에 전하는 조선 측 동지들의 서신.
50	9	소위원회(小委員會) 문제와 관련된 헝가리의 회신.
50	2509	헝가리 학술원과 조선 학술원 간(間) 1978년의 관계들.
50	2509-1	헝가리 학술원과 조선 학술원 간(間) 1978년의 관계들.
50	2583	조선 중앙군사위원회 파견단의 베를린 회담에 관한 동독의 정보.
50	2751	만찬사(晩餐辭) 초안들.
50	2753	조선에서 1980년의 국제 전시회.
50	2806	조선과 헝가리 간(間) 문화 협력 관련 협정 수행에 관한 1979-80년도 과업 계획.
50	2806-1	조선과 헝가리 간 문화 협력 관련 협정 수행에 관한 1979-80년도 과업 계획에 대한 의견.
50	2806-2	조선과 헝가리 간 문화 협력 관련 협정 수행.
50	3	조선의 교육 파견단 수용.

50	2821	헝가리-조선의 1979년도 무역 회담 중 제기된 질의들에 대한 안내.
50	2821-1	1978년도 헝가리-조선의 물자 교역 및 지불 합의.
50	2	헝가리-조선의 1979년도 무역 회담 중 제기된 질의들에 대한 안내(조선 측 관계기관에 대한 또르더이 야노쉬(Tordai János)의 서신).
50	2831	이부쓰(IBUSZ, 헝가리 국영여행사)와 려행사(조선국제려행사)의 관계들.
50	2981	한반도 통일 건(件)에 대한 성명.
50	3026	조선에서 헝가리 해방(기념일)을 맞아 개최 예정인 영화 상영회.
50	3026-1	조선에서 헝가리 해방(기념일)을 맞아 개최 예정인 영화 상영회.
50	3135	김일성(Kim Ir Szen)에게 보내는 까다르 야노쉬(Kádár János)와 로숀치 빨(Losonczi Pál)의 회신 전문(電文).
50	3214	의전(儀典) 자문(諮問).
50	3215	1979-80년도 조선과 헝가리 간 문화과업 계획 제안.
50	3215-1	1979-80년도 조선과 헝가리 간 문화과업 계획 제안.
50	3216	조선 외무성 언론과(言論課) 사절단의 소련 방문.
50	3264	1978년 헝가리-조선 간(間) 스포츠 연중행사의 성과.
50	3264-1	1979년도 헝가리-조선의 스포츠 관계들.
50	3264-2	1980년도 헝가리-조선의 스포츠 관계들.
50	3	조선의 1980년도 스포츠 연중행사 계획.
50	3293	조선 라디오-텔레비전 사장(社長)의 헝가리 방문.
50	3308	운봉(Unbong, 조선의 지명)의 헝가리-조선 친선 협동농장 사절단의 헝가리 방문.
50	3308-1	운봉의 헝가리-조선 친선 협동농장 사절단의 헝가리 방문.
50	3356	조선의 관계기관에 보내는 애국인민전선(HNF) 전국평의회의 서신.
50	3627	대사관의 기록물들(합의서들).

50	3627-1	대사관의 기록물들(기록물들 및 과업 계획들).
50	3628	의전(儀典) 명단.
50	3707	헝가리 적십자사 사절단의 조선 방문.
50	3739	청년 역도 세계대회와 관련하여 부다페스트 주재 조선 대사관 참사의 요청.
50	4072	헝가리-조선의 농업 협력.
50	4072-1	헝가리 농업 연구자들의 조선 출장.
50	2	양국(兩國)의 농업성(農業省) 간(間) 협력에 대한 조선의 계획.
50	3	헝가리-조선의 농업 협력.
50	4099	(헝가리) 라디오에서 조선 문학 프로그램.
50	4099-1	"조선 서정(敍情)의 역사로부터 몇 장(章)들"이라는 제목의 시리즈물 녹음 송부.
50	4191	부다페스트 주재 조선 대사관의 요청: (조선의) 언론 자료들이 근동(近東) 및 아프리카 국가들로 전해지기를 희망.
50	4603	조선직업총동맹 사절단의 방문 연기.
50	4604	오스트리아의 상무(商務) 참사와 나눈 대화.
50	4605	조선과 쿠바 간 대외 교역.
50	4606	조선-동독의 1979-80년도 문화과업 계획.
50	4987	조선 상무(商務) 비서의 행동.
51	5038	씨쁘뵐지(Szépvölgyi)의 조선 방문에 대해 조선이 다시 제안-강청안(Kang Csun Han) 조선 수도 행정 평의회 의장이 평양 주재 헝가리 대사를 접견.
51	5290-1	평양으로 특송우편 취급 시작.
51	5292	쉬프 죄르지(Schiff György) 2등 서기관의 연차(年次) 요약 보고.
51	5293	반미(反美)의 달을 맞아 조선의 정당들, 사회 조직들의 성명-러시아어.
51	5388	헝가리-조선의 외무성 간(間) 1979-80년도 협력 합의.
51	5400	리창목(Li Csong Mok) 조선 외무성 부상(副相)의 헝가리 방문.

51	5695	부다페스트 주재 조선 대사관의 설문지 배포-선전 활동.
51	5717	헝가리-조선의 물자 교역 관련 일정 문제들.
51	5717-1	헝가리-조선의 무역 관계-버쉬 야노쉬(Vas János) 부수상이 리후금(Li Hu Gem) 조선 대외경제 관계 부상(副相)에게 차관(借款) 이용 연장의 문제와 관련하여 서신 송부.
51	5717-2	1978년의 비철금속 관련 헝가리-조선의 무역 관계들: 비철금속이 제외된 것에 대한 버쉬 야노쉬(Vas János) 부수상의 서신.
51	5821	조선 측이 비철금속 운송 의향을 알림.
51	5871	헝가리-조선의 민간 항공 관계들.
51	5871-1	조선 항공기의 규정 위반: 헝가리-조선의 민항 업무 관계.
51	6043	문서 자료들을 송부.
51	6407	부다페스트 주재 조선 대사관 근무자의 뺑소니 교통사고.
51	6453	1979년 6월 10일-26일 간(間) "로동신문(Nodon Szinmun)" 편집부의 초청으로 "프라우다(Pravda)" 사절단의 조선 방문.
51	6454-1	조선에서 세관(통관) 관련-김덕복(Kim Dok Bok) 대외무역성 관세과 담당관과 대화.
51	6471	헝가리 법률가 동맹에 대한 조선 대사관의 요청-10월 19일.
51	6646	헝가리-조선의 문화 관계들: 11월 5일-13일 간(間) 보로쉬 샨도르(Boros Sándor) 부상(副相)을 단장으로 한 헝가리 사절단의 문화 순방.
51	6646-1	헝가리 문화 파견단의 조선에서의 회담에 대한 기록.
51	6646-2	1979년 11월 5일-13일 간(間) 조선으로 문화 관련 출장에 대한 부상(副相) 보로쉬 샨도르(Boros Sándor) 박사의 요약 보고.
51	6921	세관 및 관세청 전국 본부(The national headquarters of customs and finance guard)의 조선 출장 보고-사회주의 국가들 세관 행정 지도자들의 제20차 회의(평양, 9월 11일-17일).
51	7254	부상(副相) 임명을 맞아 김제석(Kim Dze Szuk)에게 전하는 하지 벤쩰(Házi Vencel)의 축하 전문(電文).

51	7265	헝가리-조선의 보건 협력: 에뜨레 샨도르(Etre Sándor) 평양 대사의 보고.
51	7265-1	헝가리-조선의 보건 업무 관계들: 헝가리 의사들의 출장.
51	7495	1979년 1월-11월까지 써보 삐떼르(Szabó Péter)의 활동 요약 보고.
51	7513	소련의 상무관 경제 담당관과 진행한 회담-조선의 무역.
51	7705	평양 주재 헝가리 대사인 에뜨레 샨도르(Etre Sándor)의 신 임장 제정과 관련된 성명.
51	7959	조선로동당 중앙위원회 제19차 총회에 관한 발표문-러시 아어로 된 자료.

Box 번호	파일번호	제목
55	81-10	조선 지도자들의 의전 명단.
55	81-11	헝가리-조선의 국제적 관계들. 부다페스트 주재 조선 대사가 소개 인사 차 방문. 외무성 간(間) 협력 합의.
55	81-13	세계 일부 국가의 의회로 전하는 조선 대사관의 서신.
55	81-14	헝가리 내무상에게 전하는 조선 사회안전부장의 서신. 조선의 국경일 축하 전문(電文)에 대한 공식 성명 제안.
55	81-16	조선의 의전 관습들.
55	81-21	의회와 관련된 조선의 요청.
55	81-25	조선로동당 제6차 총회. 새로운 조직 규정.
55	81-26	부다페스트와 평양의 관계. 직업동맹의 역할. 공산주의 청년 동맹의 출장 보고. 한국전쟁 발발 30 주년.
55	81-30	헝가리-조선의 내무 협력.
55	81-41	헝가리의 관계기관에 조선 인민무력부장의 서신.
55	81-51	전국 발명국(發明局: 특허청에 해당) 자료들을 조선 측에 전함. 정부 간(間) 협력. 양국(兩國) 간(間) 회담들.
55	81-52	헝가리 국립 은행의 행장(行長)에게 보내는 조선 대외무역 은행 행장의 서신.
55	81-54	기술-학술 협력. 건설 및 도시개발성(省) 파견단의 출장 보고.

55	81-55	농식품성(省)의 협력.
55	81-56	부다페스트 주재 조선 대사관을 통해 교통-우편성(省)으로 전하는 자료들. 남북관계에 대한 자료 및 김일성의 테제들.
55	81-57	상무관의 자료들. 헝가리-조선의 1980년도 물자 교환-교역량 합의. 헝가리-조선의 경제 관계.
56	81-63	적십자사(赤十字社) 관계.
56	81-64	조선의 새로운 대중 보건 규정.
56	81-65	헝가리-조선의 보건 관계들.
56	81-70	문화 관계들.
56	81-71	문화 협력. 부장(部長, 장관급)의 방문.
56	81-73	헝가리 학술원과 조선 학술원의 관계.
56	81-76	영상 기록보관소 파견단의 보고. 헝가리에서 조선 바이올린 연주가의 연주 불참.
56	81-77	스포츠 위원회 의장에게 전하는 헝가리 군민(君民)스포츠 연맹(MHSZ)의 서신. 영화 사절단. 조선의 모스크바 올림픽 참가 관련 자료.
56	81-80	남한에 관한 조선의 출판물(러시아어). 80년 광주 민주화운동 관련.
56	81-81	조선중앙통신사와 헝가리 통신사 간(間)의 관계들.
56	81-I-40	평양의 헝가리 교민 사회 및 여타 국가들의 현지 교민 사회.

Box 번호	파일번호	제목
56	82-10	남한과 라틴아메리카 국가들의 관계에 관한 정보.
56	82-11	남한이 헝가리와 관계 수립을 시도함.
56	82-40	남한 군대(軍隊)의 지도급 장군들 명단.
56	82-51	기네아(Guinea)에 남한 상무관 개설.
56	82-71	남한 대사관의 활동. 남한 국적인의 입국 희망.
56	82-77	스포츠 외교.

Box 번호	파일번호	제목
55	81-10	한반도의 평화적 통일에 대한 조선 대사의 의견.
55	81-11	남한이 헝가리와 관계 수립을 시도함.
55	81-14	부다페스트 주재 조선 대사의 방문과 요청. 조선의 지도자들에게 전하는 헝가리의 축하 전문(電文).
55	81-16	조선에서 4월 4일 (헝가리의 해방절) 축하 행사.
55	81-20	김정일(Kim-Dzog Il)의 활동에 관한 조선의 자료.
55	81-22	조선의 당 및 정부 지도자들의 의전 명단.
55	81-23	남한 대통령 선거에 대한 요약.
55	81-26	헝가리-조선의 적십자사 관계. 평화평의회 간(間) 관계. 각종 초청들.
55	81-43	이라크 핵발전소에 대한 이스라엘의 공격과 관련한 남한의 언론 성명.
55	81-50	소련-조선의 무역과 경제 관계들.
55	81-51	헝가리-조선의 정부 간(間) 경제 협력.
55	81-54	헝가리-조선의 기술-학술 협력 소위원회 제6차 회의. 보르반디(Borbándi) 동지에게 전하는 서신.
55	81-55	협동농장 전국평의회 사절단의 조선 출장. 헝가리-조선의 농업 관계.
55	81-57	상무관의 안내. 동독-조선의 1981년 물자 교환 교역. 루마니아-조선의 무역 관계들.
55	81-64	헝가리-조선의 보건 협력.
55	81-65	시장 안내, 조선에서 의료 기구 시장의 상황.

55	81-71	헝가리-조선의 문화 관계들과 과업 계획.
55	81-72	장학생 관련 내용.
55	81-73	조선의 문화-학술계의 몇 가지 새로운 특징.
55	81-74	조선 미술 전시회의 전시 자료 목록.
55	81-76	리스트-버르똑(Liszt-Bartók) 연주 대회에 남한 지원자의 참가 관련. 축하 행사와 관련된 조선의 요청.
55	81-77	스포츠 협력.
55	81-79	조선 관련 신문 기사.
55	81-80	출판물들 및 소식지.
55	81-84	중국 통신사의 김일성(Kim Ir Szen) 인터뷰.
55	81-I-46	평양 주재 헝가리 대사관 1등 서기관 가족의 극동(極東) 여행.
55	81-I-21	또르저 이슈뜨반(Torzsa István) 동지의 조선 파견 준비 계획.
55	81-I-202	파기 자료 목록.

Box 번호	파일번호	제목
58	81-10	UN에서 남북한의 언론자료들 보고. 조선이 서유럽과 관계를 모색. 리종옥(Li Chong Ok) 조선 총리의 이란 방문. 페르시아 만에서 조선의 실재(實在). 조선의 당(黨) 및 정부 지도자들 의전 명단.
58	81-109	조선의 당 및 국가 지도자들의 의전 명단. 허담(Ho Dam) 외무상의 이력.
58	81-116	또르저(Torzsa) 동지의 소개 인사 차 방문들.
58	81-134	조선의 의회 사절단-서울에서 개최 예정인 IPU(국제의회연맹) 총회 관련.
58	81-135	허담(Ho Dam) 조선 외무상의 방문.
58	81-146	조선 참사의 방문. 조선의 국경일 관련 행사들. 남한 인정(認定). 고위급 방문과 관련된 주제. 부다페스트 주재 조선 대사관의 선전 활동과 이에 대한 제한(制限) 건의. 김일성(Kim Ir Szen)의 70회 생일.
58	81-149	국경일, 신년, 재선(再選) 등을 맞아 축하 서신들 및 전문(電文)들.
58	81-16	조선에서 해방 37주년 기념 축하 행사. 부다페스트 주재 조선 대사의 생일 축하 인사.
58	81-17	조선의 내빈에 대한 환영 행사들. 평양 주재 헝가리 대사관 건물 건과 관련한 조선 외무성의

		각서(기존의 평양 주재 헝가리 대사관이 평양의 건설대상 지역에 포함되면서 조선 측이 새 건물의 건축 비용을 부담하는 조건으로 대사관의 이전을 요청). 헝가리 소유로 있는 평양 주재 헝가리 대사관의 이전과 관련된 조선의 요청 및 이 주제와 관련하여 교환한 서신들.
58	81-260	조선의 직업동맹들에 관한 안내.
58	81-263	조선의 관계기관에 전하는 전국평화평의회의 서신.
58	81-27	헝가리의 민족 문제들에 관한 조선 외교관의 관심.
58	81-31	헝가리-조선의 내무 관계들.
58	81-50	조선-체코슬로바키아, 몽고, 쿠바, 불가리아, 중국, 루마니아, 소련 간(間) 무역 관계들. 물자 교환-교역 및 기술-학술 협력 등.
58	81-51	헝가리-조선의 경제 협력. 헝가리-조선의 기술-학술 협력 소위원회 제7차 회의 보고.
58	81-511	헝가리-조선의 경제 및 기술-학술 협력 상황.
58	81-56	교통-우편성(省)에 전하는 조선의 휴양(休養) 초청. 헝가리-조선의 항공 협정.
58	81-57	헝가리-조선의 물자 교환-교역과 지불 합의. 상무관의 기록.
58	81-571	조선 상무(商務) 참사의 방문.
58	81-59	협동농장 전국평의회에 전하는 조선 농림수산업직업동맹의 요청.
58	81-636	조선 적십자사의 요청.
58	81-71	조선 외교관의 문화성(文化省) 방문. 대규모 연주단의 상호 교환 방문. 문화와 관련된 조선의 요청들.
58	81-73	학술원의 협력, 1982/83년도 과업 계획. 조선 대사의 헝가리 학술원 부원장 방문.
58	81-765	조선에서 헝가리의 소조(塑造, 작은 조각상) 전시회.

58	81-768	초청장 보고(내무성 국경수비대 악단 초청). 내무성 다뉴브(Duna) 예술공연단의 조선 방문.
58	81-77	부다페스트 주재 조선 대사의 전국 체육-스포츠청(廳) 방문. 헝가리-조선의 스포츠 관계들.
58	81-I-201	평양 주재 헝가리 대사관의 문서 처리 감사(監査).
58	81-I-202	1975-80년도까지의 기밀문서 파기.

Box 번호	파일번호	제목
58	82-10	팔레스타인 문제에 대한 남한의 자료 목록. 한반도 통일에 관한 국제회의. 남한의 통일 제안 자료들. 나미비아(Namibia) 인민의회에 대한 남한 외무부장관의 메시지.
58	82-20	남한의 상황에 대한 조선의 평가.
58	82-50	1981년의 남한 경제.
58	82-53	남한이 헝가리와 관계 수립을 시도함. 남한의 회사(선경)와 헝가리에서의 무역 회담들.
58	82-55	남한의 회사(선경)와 회담.
58	82-57	남한의 상호 자문(諮問) 요청. 남한과 무역 관계들. 남한 사업가들의 헝가리 방문.
58	82-72	남한 국적인의 유학 요청.
58	82-73	남한이 헝가리 학술원과 관계 수립 시도.
58	82-77	헝가리의 행사들에 대해 남한 운동 선수들의 참가. 헝가리 탁구팀의 남한 초청. 남한이 헝가리와 관계 수립을 시도함. 남한 여자 핸드볼 팀의 헝가리 세계 선수권대회 참가. 대한민국 체육부 장관의 서신.

Box 번호	파일번호	제목
73	81-10	조선 외무성의 기구 재편. 조선 외무성의 각서 전달. 조선 외무성의 1983년 4월 21일 외교 각서 배포. 조선과 니카라과 공화국의 공동 성명. 조선 외무성의 1983년 8월 17일 각서. 중국-남한의 관계에서 변화를 의미하는 상징들.
73	81-11	뻐떠끼(Pataki) 동지의 이임 방문. IPU(국제의회연맹) 건(件)으로 조선 대사의 어쁘로(Apró)와 쑤로브스키(Szurovszky) 동지 방문. 헝가리와 조선의 외무성 간(間) 1983-84년도 협력 합의. 헝가리-조선의 외교관계 수립 35주년 기념행사에 관하여.
73	81-13	부다페스트 주재 조선 대사관 신구(新舊) 참사의 제4 지역국 방문. 조선의 사회안전부장에게 서신 전달. 조선 외무성을 예방(禮訪). 셔를로쉬(Sarlós) 동지의 평양 방문 프로그램. 바르꼬늬(Várkonyi) 동지의 조선 방문.
73	81-14	조선의 국경일. 강량욱(Kang Rjan Uk) 조선 부수상의 부고(訃告)와 조선의 반응. 김영선(Kim Jang Szun) 조선 대사의 방문. 조선 대사의 5월 1일 기념일 인사에 대한 뿌여(Púja) 동지의 회신.
73	81-16	조선에서 소비에트인민공화국 수립 60주년 기념행사에 관하여.

		조선에서 헝가리 해방 38주년 기념행사. 조선민주주의인민공화국 수립 35주년에 초청. 한국전쟁 종전 30주년을 맞아 개최한 축하행사 참가에 대하여 데아끄 리비아(Deák Livia)의 보고. 헝가리-조선의 외교관계 수립 35주년 기념 행사.
73	81-17	평양 주재 루마니아 대사관의 이전(移轉) 건(件). 평양 주재 헝가리 대사관 이전(移轉)에 대한 조선 외무성의 반응.
73	81-18	조선 개관(槪觀).
73	81-20	시골 지역에 대한 방문 경험.. 조선의 통일과 관련된 로메(Lome, 토고의 수도)의 대회(大會).
73	81-26	조선의 소년단 조직에 관한 안내.
73	81-34	남한의 비행기에 대한 조선의 언론 및 통신들.
73	81-50	중국-조선의 경제 관계들. 소련-조선의 경제 관계들. 정부 간(間) 위원회 제5차 부다페스트 회의 이후 조선 측의 요청.
73	81-51	소련-조선의 정부 간(間) 경제 및 기술-학술 자문 위원회 제18차 회의.
73	81-54	산업 협력 분야에서 헝가리-조선의 경제 및 기술-학술 협력 상황. 헝가리-조선의 기술-학술 협력 소위원회 제8차 회의로 리건식(Li Gen Szik)에게 보내는 초청장.
73	81-55	식량농업기구(FAO) 파견단의 조선 방문. 조선 농업노동자동맹 의장의 재(再) 초청.
73	81-56	최병준(Csö Bong Zun) 참사의 교통성(交通省) 방문.
73	81-57	상무(商務) 담당 비서와 나눈 대화. 상무관의 보고(報告) 사본. 대외무역성의 의전 명단 보고.

		조선과 동독 간(間) 무역 관계들. 체코슬로바키아-조선의 무역 관계들. 조선-불가리아의 정부 간(間) 경제 및 기술-학술 자문 위원회 제12차 회의에 대해 작성한 상무관 기록 보고. 헝가리와 조선 정부 간(間) 1983년 물자 교환-교역 및 지불에 관한 합의. 소련-조선의 1983년 물자 교환-교역 기록. 폴란드-조선의 정부 간(間) 경제 및 기술-학술 자문 위원회 제7차 회의. 루마니아-조선의 물자 교환-교역 추세. 조선-폴란드의 물자 교환-교역 추세. 쿠바-조선의 물자 교환-교역. 1984년 헝가리-조선의 물자 교환-교역 회담에 관한 보고.
73	81-71	박용인(Pak Jong In) 부다페스트 주재 조선 대사관 문화담담관의 교육성(敎育省) 국제관계국 방문에 관하여. 문화과업 계획 서명에 대한 조선의 제안.
73	81-72	엘떼(ELTE) 대학교 및 부다페스트 공과대학교와 관계를 모색하는 조선의 대학교들.
73	81-73	원자력발전소 운용과 관련된 전문가들의 교육을 조선이 요청. 랑 이슈뜨반(Láng István) 동지의 조선과 중국 방문. 조선과 유엔개발계획(UNDP) 간(間) 협력.
73	81-74	조선 미술 전시회를 계획. 조선에서 헝가리의 소조(塑造, 작은 조각상) 전시회.
73	81-77	헝가리와 조선 간(間) 1983년도 스포츠 파견단 교환에 관한 합의.
73	81-81	소련 기자협회 사절단이 조선 방문 시 경험한 것들.
73	81-I-21	라뜨꺼이 페렌쯔(Rátkai Ferenc) 동지: 평양 주재 헝가리 대사관의 1등 서기관으로 파견 준비 계획.

		써보 페렌쯔(Szabó Ferenc) 동지: 아덴(Aden, 예멘 인민민주주의 공화국의 수도) 주재 헝가리 대사관의 대사로 파견 준비 계획.
73	81-I-201	기록서(記錄書) 요구.
73	81-I-202	행정 업무 문서 파기 목록들.

Box 번호	파일번호	제목
74	82-10	레소토(Lesotho) 왕국(王國) 점령 및 김대중 관련 남한의 성명.
74	82-22	남한의 내각 명단.
74	82-53	리비아 철강 콤비나트 굴뚝 건설에 대한 남한의 제안. 아시안 게임 및 올림픽 준비와 관련하여 스코어보드 수입에 대한 남한의 관심. 괴츠 샨도르(Götz Sándor)의 남한 방문. 일본, 헝가리 등에서 남한의 여러 업체와 나눈 회담에 관한 기록.
74	82-55	남한으로 쉬머이 미하이(Simai Mihály) 동지 초청. 어얀 떠마쉬(Aján Tamás)의 남한 방문에 관하여. 남한이 까르빠띠 루돌프(Kárpáti Rudolf)를 초청.
74	82-57	남한의 상공부 장관인 김동위(Kim Dong Vi)와의 회동에 관한 베레쉬(Veress) 동지의 기록. 1983년 가을, 부다페스트 국제박람회(BNV)에 남한 업체들의 참가 신청. 가을의 부다페스트 국제박람회에 남한 업체의 참가. 승마(乘馬) 경기용 말의 남한 수출은 에이전트를 통해 진행 가능함. 남한으로 전광판 및 스코어보드의 수출 가능성.
	82-6	서울에서 개최되는 제5차 이비인후과 아시아-태평양 총회에 헝가리 의사(醫師)를 초청.
	82-7	남한의 성악가 김관동(Kim Kwan Dong) 초청 건(件).

	82-77	남한은 헝가리와 스포츠 관계 발전을 희망. 소련의 서울 올림픽 참가 가능성. 뮌헨에서 남한의 체육부 차관과 샤르꾀지 샨도르(Sárközy Sándor)의 회담.

Box 번호	파일번호	제목
67	81-10	삼자회담에 관한 기사. 바르꼬늬(Várkonyi) 동지에게 보내는 조선 외무상의 서신. 의전 관련 명단. 이력서들. 조선 외교 정책의 입장. 소련-조선의 과업 계획.
67	81-11	조선으로 승인한 헝가리 대사의 신임장 제정 및 코뮤니케. 김일성과 저녁 만찬.
67	81-116	조선 신임 대사의 소개 인사 차 방문. 조선 대사와 진행 예정인 회담에 대해 라자르(Lázár) 동지의 의제 제안. 평양 주재 헝가리 대사의 이임 방문과 관련한 언론의 뉴스 및 코뮤니케. 친선 단체들의 지도자들을 방문한 것과 관련한 평양 주재 헝가리 대사의 보고들.
67	81-13	조선 대사의 이임 방문에 대한 라자르(Lázár) 동지의 의제 요약. 조선 수상의 루마니아 방문. 김일성(Kim Ir Szen)의 헝가리 방문. 김일성(Kim Ir Szen)의 사회주의 국가들 방문에 대한 언론 반응.
67	81-14	강성산(Kang Szong Szan) 동지에게 보내는 라자르(Lázár) 동지의 서신과 공진태(Kon Dzin The) 동지에게 보내는 보르반디(Borbándi) 동지의 서신. 조선 대사의 이임 방문. 조선에 대한 안내.

67	81-16	조선민주주의인민공화국 수립 제36주년 및 코뮤니케. 축하 전문(電文)들. 김일(Kim Ir)의 부고(訃告)에 대한 조전(弔電) 및 코뮤니케.
67	81-20	조선의 부르조아 개혁 운동(갑신정변)에 대한 강연.
67	81-22	세계의 의회와 정부에 전하는 조선최고인민회의의 성명(통일정책 관련). 헝가리의 반응.
67	81-25	안내 공보(公報). 헝가리사회주의노동자당(MSzMP) 당(黨) 파견단의 조선 방문. 명단.
67	81-38	헝가리-조선의 법적 관계들.
67	81-51	조선과 남한 간(間) 경제 협상들의 제1차 국면. 헝가리-조선의 경제 협력. 서신 교환. 헝가리-조선의 정부 간(間) 경제 및 학술-기술 자문 위원회의 양측 부의장 회의에 관한 기록. 1985년도 헝가리-조선의 물자 교환-교역 회담에 관한 보고.
67	81-52	조선의 세금 체계에 관한 자료들.
67	81-53	조선의 대사와 산업성(産業省)에서 나눈 대화에 관한 기록. 헝가리-조선의 산업 관련 관계에 대한 안내.
67	81-54	레이더와 반도체 방식의 시스템에 대한 조선의 요구. 헝가리-조선의 기술-학술 협력 회의와 기록문.
67	81-55	조선에 보내는 부다페스트 시립 동물원 및 식물원의 우편물.
67	81-56	조선과 불가리아 간(間) 교통 협약-초안. 헝가리-조선의 항공 협약. 항공권 예약 문제들(최근 많은 교류로 인하여 평양-북경 항공권 좌석 확보가 어려움).
67	81-57	상무관의 보고. 헝가리-조선의 정부 간(間) 경제 및 기술-학술 자문위원회 헝가리 측 부의장인 헤르끄네르 오또(Herkner Ottó) 동지가 조선의 관계기관에 보내는 서신.

		남한 제품의 헝가리 판매와 관련한 조선의 문제제기. 조선 대외무역 은행 행장(行長)의 방문. 조선 사절단의 헝가리 방문. 소개 인사 차 방문.
67	81-58	헝가리-조선의 국내 상업 협력.
67	81-636	남북한 간(間) 적십자사 회담들.
67	81-64	보건 과업 계획. 헝가리-조선의 보건성(省) 간(間) 협력 제안에 대한 회신. 헝가리-조선의 협력 계획. 헝가리 의사의 조선 방문.
67	81-69	남북한의 통계 비교.
67	81-72	장학생 관련.
67	81-73	조선 대사의 헝가리 학술원 부원장 방문. 대학 조교수들의 조선 방문. 조선 기상청에 컴퓨터 설명 자료(미국의 PDP 컴퓨터가 수출금지 품목에 해당되기 때문에 조선은 헝가리로부터 컴퓨터 시스템을 입수하고 그 설명 자료를 받음). 조선 학술원 파견단의 헝가리 방문.
67	81-75	출장 보고.
67	81-76	영화사 대표부(신필름-Shin Film-관련) 설립에 대한 조선의 요청.
67	81-77	스포츠 관계들.
67	81-80	남한 망명자(노영섭-Ro Jong Szob)의 평양 기자회견.
67	81-I-19	요약 보고들.
67	81-I-201	파기 목록서들 보고.
67	81-21	떠러버 야노쉬(Taraba János, 평양 주재 헝가리 대사 임명 예정자) 동지의 준비 계획.

Box 번호	파일번호	제목
68	82-10	대한민국에 대한 안내.
68	82-52	대한민국 관세청의 감사 서신.
68	82-53	남한으로 출국 허가.
68	82-57	남한과의 사업 관계. 1984년 9월 14일-23일 동안 남한에서 수행한 무역 관련 출장에 대해. 대우(Daewoo) 회장 일행 및 대한상공회의소(KCCI) 의장의 헝가리 방문.
68	82-58	서울 국제 전시회 참가.
68	82-71	설고 이슈뜨반(Salgó István) 박사의 남한 초청.
68	82-72	남한 대학 교수(김학수, 충남대학교 법학)의 입국.
68	82-73	남한 역사학자(유영익, 고려대학교 사학-史學)를 헝가리로 초청.
68	82-76	스포츠 및 여행 관련 안내와 제안. 헝가리 음악 공연단의 서울 초청.
68	82-77	스포츠 관계.
68	82-IX	남한에서 개최 예정인 학술대회에 초청.

Box 번호	파일번호	제목
75	81-10	제네바 정상회의 및 한반도 상황과 관련한 정당과 사회 단체들의 공동 성명. 남남(南南)협력에 관한 기사. 김영남(Kim Jong Nam)의 바르샤바 방문. 남북대화. 남북대화에 관한 간략한 보고.
75	81-116	조선 대사의 소개 인사 차 방문. 소개 인사 차 안주(Andzsu, 평안남도 소재) 방문.
75	81-13	조선 사회안전부장의 서신. 헝가리 내무성의 휴가 차 조선 방문 그룹의 구성.
75	81-132	조선 부수상의 초대장.
75	81-138	조선의 관계기관에 전하는 박사 꺼머러 야노쉬(Kamara János) 내무상의 서신.
75	81-14	헝가리-조선 관계에 대한 일본의 관심. 인도네시아의 공보상(相)의 조선 방문. 니콜라에 차우셰스쿠(N. Ceausescu)의 조선 방문. 헝가리인민공화국과 조선민주주의인민공화국의 외무성 간(間) 협력합의서 갱신 문제. 헝가리-조선의 계약 관계들.
75	81-146	조선 대사의 방문. 알바니아와 조선의 관계. 남포(Nampho) 공식 방문. 남한의 의회에 전하는 조선최고인민위원회의 서신과 관련한 헝가리의 반응 제안.
75	81-15	의전 명단 보고.

76	81-16	김정일(Kim Dzong Il) 생일 축하. 김일성(Kim Ir Szen) 75세 생일.
76	81-169	조선 해방 40주년. 축하 전문 등.
76	81-17	부다페스트 주재 조선 대사관 및 숙소 신축을 위한 회담 개시(開始) 준비 등의 주제.
76	81-18	조선 주요 도시 및 각 지역(道) 안내.
76	81-20	조선의 언론에서 흥미로운 내정(內政) 기사들. 강성산(Kang Szong Szan) 총리의 편지.
76	81-204	백학림(Pek Hak Rim)의 이력서.
76	81-225	조선의 관계기관에 보내는 쎞뵐지(Szépvölgyi) 동지의 초청장.
76	81-24	소련 청년파견단의 조선 방문.
76	81-25	조선로동당 파견단 단장의 이력서.
76	81-260	헝가리-조선의 직업동맹의 관계.
76	81-261	공산주의청년동맹 중앙위원회의 초청으로 조선청년사절단의 방문. 조선의 소년단원들 초청.
76	81-264	애국인민전선(HNF) 사절단의 조선 방문.
76	81-436	조선 총리의 서신(남한의 미군 주둔과 관련하여).
76	81-50	합작투자회사 설립에 관한 조선의 법령. 알바니아-조선의 기술-학술 협력. 불가리아-조선의 기술-학술 협력. 제2차 남북경제협상. 사회주의 국가들에 대한 조선의 상반기 수출.
76	81-506	생활수준과 관련된 정책의 몇 가지 문제점.
76	81-51	조선의 국가 계획위원회 의장에게 보내는 펄루비기(Faluvégi) 동지의 서신(초청). 인민경제 계획과 관련한 기사들. 헝가리 조선의 경제 협력.

		정부 간(間) 경제 위원회 제6차 회의 준비. 헝가리-조선의 국가계획위원회 간(間) 회의에 관한 보고 및 회의 기록문. 평양에서 헝가리-조선의 합동위원회 회의. 헝가리-조선의 정부 간(間) 경제 및 학술-기술 자문 위원회 6차 회의.
76	81-52	조선의 재무(財務) 문제에 대하여 헤띠니(Hetényi) 동지가 헝가리 대사관에 전한 서신. 헝가리국립은행과 조선중앙은행 간(間) 협력 제안. 헝가리-조선의 재무 관계.
76	81-53	헝가리-조선의 기술지도국(技術指導局) 간(間) 협력. 광물자원 관련 협력 가능성들.
76	81-532	조선에서 핵발전소 건설.
76	81-533	헝가리-조선의 광산 및 비철금속 관련 협의.
76	81-534	헝가리 제약산업 전문가들의 조선 연구 방문에 대한 출장 보고서.
76	81-536	조선의 건설 위원회 의장에게 보내는 쇼모지 라쓸로(Somogyi László) 건설 및 도시개발상(相)의 서신.
76	81-54	조선의 관계기관에 보내는 헤끄네르 오또(Hekner Otto)의 서신. 헝가리-조선의 기술-학술 협력. 헝가리-조선의 기술-학술 협력 소위원회 제10차 회의.
76	81-55	조선의 관계기관에 보내는 너지까떠(Nagykáta, 헝가리의 지명)의 헝가리-조선의 친선 협동농장의 초청장. 헝가리-조선의 농업 협력. 농업 분야에서 경제 및 기술-학술 협력에 관한 합의서 초안.
76	81-552	식물보호 합의서 초안.
76	81-565	헝가리-조선의 항공 협약 및 항공 업무 관계.
76	81-57	헝가리인민공화국과 조선민주주의인민공화국 간(間) 1985년 상품 교환 및 지불에 관한 합의. 헝가리-조선의 장기 상품 교환 합의 서명에 관하여.

		상무관 기록물 보고. 조선 상무(商務) 참사의 방문. 1986년 물자교환 및 지불에 관한 기록문.
76	81-576	상무관 기록과 연차(年次) 보고서.
76	81-586	이부쓰(IBUSZ, 헝가리국영여행사)의 조선 방문.
76	81-65	보건 분야 협력 계획 보고. 헝가리-조선의 보건 관계. 헝가리와 조선의 병원 간(間) 친선 협약. 조선 보건상(保健相)의 헝가리 방문에 대한 기록.
76	81-656	환경보호에 관한 자료 보고.
77	81-70	소련의 고등교육 파견단의 조선 방문. 사회주의 국가들의 조선과의 협력.
77	81-71	국제 도자기 실험 스튜디오(공방-工房)에 조선의 참가 신청. 조선 외교관의 교육성 방문. 헝가리-조선의 문화 관계 발전.
77	81-72	조선 연구과정생들의 헝가리에서 교육 조건들. 조선 외교관의 교육성 방문(장학생 건 관련).
77	81-72	조선 고등교육상(相) 제1 비서의 헝가리 방문에 관한 보고.
77	81-722	헝가리에서 조선 유학생들의 교육.
77	81-73	학술원 간(間)의 협력. 1986-90년의 과업 계획.
77	81-76	만수대(Manszude) 공연단의 헝가리 공연.
77	81-768	4월에 개최되는 봄 페스티발을 주제로 한 서신과 관련하여 조선 외교관의 방문. 서울 올림픽 건(件).
77	81-77	1985년의 스포츠파견단 교환 합의. 헝가리 올림픽위원회 위원장에게 전하는 조선의 언론 출판물.
77	81-80	조선의 언론에서 주목해야 할만한 기사들.
77	81-I-9	대사관 관원들의 업무 평가.
77	81-I-19	비디늬 데죄(Dévényi Dezső)의 요약 보고.

77	81-I-211	기밀문서 송수신 보고.
77	81-IX	국제 도로 교통 회의에 남한의 참가와 관련하여 조선의 요청.

Box 번호	파일번호	제목
77	82-10	남한-파키스탄의 관계.
77	82-204	남한의 정부 인사 명단.
77	82-38	남한으로 헝가리 변호사를 초청.
77	82-553	남한 수의사(獸醫師)를 헝가리로 초청.
77	82-571	남한 회사 대표들의 초청(상무관). 남한 사업가들의 헝가리 방문.
77	82-586	헝가리에서 한국관광공사의 행사.
77	82-722	남한 학생 박수영 건(件).
77	82-73	남한의 연세대학교에서 개최되는 국제학술대회에 헝가리 학자를 초청(헝가리 학술원).
77	82-735	남한의 서울대학교에서 개최되는 국제학술대회에 헝가리 물리학자를 초청.
77	82-74	박물학자 페렌찌 라쓸로(Ferenczy László)의 남한 방문(한국 정신문화연구원 초청).
77	82-76	인터콘서트(Interkoncert, 헝가리의 예술 에이전트 회사)의 남한과의 관계. 공연단의 남한 초청 공연. 남한 판화의 헝가리 전시회(백금남-Baik Kum Nam).
77	82-764	헝가리 교향악단의 남한 초청.
77	82-77	화강암컵(花崗巖Cup) 국제 유도대회에 남한의 신청. 남한이 "근대5종" 종목에 대해 헝가리 감독의 파견을 요청. 서울 올림픽조직위원회 파견단의 헝가리 방문. 남한에서 개최되는 스포츠 대회와 관련한 소련의 의견. 1988년 서울 올림픽 대회와 관련된 안내 등.
77	82-84	헝가리 기자의 남한 방문 계획.

Box 번호	파일번호	제목
60	81-1	군사정전위원회 제434차 회의.
60	81-1	외무성 간(間) 협력 합의에 대한 조선의 초안.
60	81-1	헝가리-조선의 외무성 간(間) 협력 합의 (대(對) 조선 헝가리 초안).
60	81-1	한반도에서 긴장 완화를 위한 조선의 새로운 제안.
60	81-1	조선 대리대사의 방문(조선의 성명).
60	81-1	한반도를 평화 지대로 전환하는 것에 대한 조선 정부의 성명.
60	81-1	남북대화에 관한 간략한 보고.
60	81-1	남북대화에 관한 간략한 보고.
60	81-1	남한의 학생운동과 남북대화에 관한 조선 외무성의 안내.
60	81-1	남한과의 회담 재개와 관련한 조선의 조건들.
60	81-1	남북대화에 관한 간략한 보고.
60	81-1	애국인민전선 전국평의회 파견단의 조선 방문에 관한 보고.
60	81-1	조선 대사의 방문.
60	81-1	부다페스트 주재 조선 대사의 방문.
60	81-1	조선 대사의 어얀 떠마쉬 박사(dr. Aján Tamás) 동지 방문 (올림픽 관련).
60	81-1	조선 언론의 흥미로운 기사들.
60	81-1	황해남도 방문.
60	81-1	소련의 극동 지역 및 조선과의 경제 협력에 관한 소련의 기사(記事).
60	81-1	국립 조폐국 사절단의 조선 방문에 관한 기록물과 출장 보고.
60	81-1	조선-폴란드 간(間) "친선과 협력 선언".
60	81-2	"신 필름(SHIN FILM)" 대표의 미국 망명.

60	81-2	엑스쁘레쓰(Express, 헝가리의 청년, 학생 여행을 주로 담당하던 여행사)와 조선의 청년 학생 여행사 간(間)의 합의서.
60	81-2	조선의 평화위원회 파견단의 방문에 관한 기록.
60	81-2	조국통일투쟁 민주전선 중앙위원회의 서신.
60	81-4	군사훈련 유예에 관한 조선 외무성의 1월 11일자 성명.
60	81-4	남북한의 대규모 군사훈련 유예와 관련된 중국 외무성의 성명.
60	81-5	조선에서 선(先) 지불(支拂)을 요구하는 이카루쓰(Ikarus, 헝가리의 버스 제작 회사)에 대해 30대의 주문을 취소.
60	81-5	이카루쓰(Ikarus, 헝가리의 버스 제작 회사)의 평양 서비스 센터.
60	81-5	평양의 달러화 통용 가게에서 남한의 제품들.
60	81-5	상무관의 기록들.
60	81-5	상무관의 기록들.
60	81-5	상무관의 연차(年次) 요약 보고.
60	81-5	헝가리-조선의 대외무역성 간(間) 합동위원회 회담에 관한 보고.
60	81-5	헝가리-조선의 공동 탄광 개설에 대한 조사.
60	81-5	헝가리-조선의 식물보호 및 검역 합의에 대한 헝가리의 초안.
60	81-5	구성(Kuszon)의 공작기계공장 보개수에 관하여 진행된 회담에 대한 출장 보고.
60	81-5	헝가리-조선의 경제 및 기술-학술 협력 중앙위원회 부의장의 회의에 관한 보고와 기록들.
60	81-5	헝가리-조선의 경제 협력에 관한 요약.
60	81-5	헝가리-조선의 부처(部處) 간(間) 관계에 관한 건설 및 도시 개발성의 안내.
60	81-5	기술-학술 소위원회 제11차 회의 기록문.
60	81-5	기술-학술 소위원회 제11차 회의에 관한 보고.
60	81-5	헝가리-조선의 경제, 재무(財務) 관계들.
60	81-5	1987년 헝가리-조선의 물자교환 및 지불 회담에 관한 보고.

60	81-5	조선의 농업.
60	81-5	조선에서 경제정책의 수정.
60	81-6	1987년-1990년의 보건 및 의학 협력 계획.
60	81-7	헝가리-조선의 문화 관계.
60	81-7	조선의 문화 및 교육 정책.
60	81-7	1986년의 스포츠 파견단 교환 합의.
60	81-7	소련-조선의 교육 협력.
60	81-7	(김일성 생일을 맞아 1982년 이후 매년 4월에 개최하는) 춘계 친선 축제에 참가.
60	81-7	조선의 환경보호 법령.
60	81-7	헝가리의 인문대학인 엘떼(ELTE)와 부다페스트 공과대학(BME): 조선 측 교류 대학들 간(間) 협력 합의.
60	81-8	조선 언론의 흥미로운 기사들.
60	81-8	조선 언론의 흥미로운 기사들.
60	81-8	조선 언론의 흥미로운 기사들.
60	81-8	조선 언론의 흥미로운 기사들.
60	81-8	조선과 오스트리아-헝가리 제국 간(間) 1892년 6월 23일에 체결된 친선, 무역 및 해운 협정-도쿄의 문서보관소에서.
60	81-8	조선 언론의 흥미로운 기사들.
60	81-8	조선 언론의 흥미로운 기사들.
60	81-8	신 필름(Shin-filmek)의 헝가리 관련 내용들.
60	81-8	조선의 언론에서 헝가리 관련 내용 및 헝가리 언론에서 조선 관련 내용.
60	81-9	만주에 조선 영사관 설립(중국 선양).

Box 번호	파일번호	제목
61	82-1	전두환(Cson Du Hvan)의 신년사.
61	82-1	남한과 사회주의 국가들.
61	82-1	남한 국적인, 오세응(Oh Se Eung)을 헝가리로 초청.
61	82-1	헝가리 잡지, "학술(Tudomány)"에 실린 남한의 광고.
61	82-2	1985년의 남한 경제와 2000년까지의 계획들.
61	82-2	남한의 내각 개편.
61	82-5	대한항공과 멀리브(MALÉV, 헝가리 국영 항공사) 간(間)의 전권 에이전트 계약.
61	82-7	남한에서 헝가리 오케스트라의 초청 공연.
61	82-7	헝가리 라디오 오케스트라의 남한 공연 (출장 보고).
61	82-7	어얀 떠마쉬(Aján Tamás) 동지의 서울 방문에 관한 출장 보고.
61	82-7	서울 국제 스포츠심리학 학술대회 참가에 관한 나도리 라쓸로 박사(Dr. Nádori László)의 보고.
61	82-7	하모리 예뇌(Hámori Jenő)의 남한 방문에 관한 출장 보고.
61	82-7	헤게뒤쉬 처버 박사(Dr. Hegedűs Csaba)의 남한 방문.

Box 번호	파일번호	제목
38	81-1	이임하는 조선의 대사 유영걸(Ju Jong Gol)과 바르꼬늬 삐 떼르 박사(dr. Várkonyi Péter)의 대화 주제 제안.
38	81-1	김정일(Kim Dzong il) 동지의 공식적인 이력.
38	81-2	계획위원회 간(間)의 협력.
38	81-5	헝가리-조선의 경제 및 학술-기술 자문 정부 간(間) 위원회 제7차 회의에서 합의한 결정 수행.
38	81-5	금강산 수력댐 건(件).
38	81-5	헝가리-조선의 식물 및 보건 협약.
38	81-5	헝가리-조선 간(間) 식물보호 및 식물보호 검역 분야에서 행해지는 협력에 관한 협약.
38	81-5	헝가리의 농식품성(省)과 조선의 농업위원회 간(間) 농업 분야에서 진행될 직접적인 경제 및 기술-학술 협력에 관한 합의와 1986년-1987년의 과업 계획.
38	81-5	식물보호 및 검역 분야에서 헝가리-조선의 협력 및 협약 체결에 관하여.
38	81-5	헝가리-조선의 경제 및 학술-기술 자문 정부 간(間) 위원회 제7차 회의에 관한 기록.
38	81-5	헝가리-조선의 경제 협력에 관한 요약.
38	81-8	헝가리 지도들의 조선 묘사(한국 표시 관련 북한의 항의).
38	81-8	조선 언론의 흥미로운 기사들.
38	81-8	조선 언론의 흥미로운 기사들.
38	81-8	조선 언론의 흥미로운 기사들.
38	81-8	조선 언론의 흥미로운 기사들-핵 설비 해제와 비핵(非核) 지대 창설에 관한 조선 외무성의 성명, 조선로동당의 지도 이념.

| 38 | 81-202 | 기밀문서 파기 목록. |
| 38 | 81-I-211 | 기밀문서 송수신 기록. |

Box 번호	파일번호	제목
38	82-1	나도르(Nádor) 동지의 남한 방문에 대한 조선의 문제제기.
38	82-1	국제문화연구소 소장의 남한 방문.
38	82-1	국제문화연구소 소장의 남한 방문.
38	82-1	국제문화연구소 나도르 죄르지(Nádor György) 소장의 남한 방문 보고.
38	82-1	남한 대통령 선거 전의 상황, 개헌.
38	82-1	남한 비엔나 대사관의 문화 및 언론 공보와 헝가리 통신 외무국 국장 삐에치 러요쉬(Pietsch Lajos)의 대화.
38	82-2	남한의 내정(內政) 상황.
38	82-2	남한에서 개헌.
38	82-5	헝가리 대외무역상공회의소와 대한무역진흥공사(KOTRA, Korea Trade Promotion Corporation)의 설치 합의 초안에 대한 의견.
38	82-5	남한 건(件)으로 버르떠(Bartha) 동지와의 회의에 관한 기록.
38	82-5	헝가리 대외무역상공회의소와 코트라(KOTRA, Korea Trade Promotion Corporation) 간(間)의 합의.
38	82-5	남한과의 교역 협력 문제들.
38	82-5	부다페스트와 서울에서 상공회의소 사무소 개설(합의 초안).
38	82-5	서울의 헝가리 상공회의소 대표부 개소(開所).
38	82-5	남한의 경제와 재정 상황.
38	82-5	헝가리-남한의 관계에 대한 안내.
38	82-5	남한의 전문가 사절단과 1987년 5월 11일-16일 사이에 진행된 회담에 관한 요약.
38	82-5	헝가리와 우편물 교환 체결에 대한 남한 체신부의 제안.

38	82-5	코트라(KOTRA) 비엔나 사무소 대표와 진행한 회의에 관한 보고.
38	82-5	부다페스트와 서울에 상공회의소 지사(支社) 개설(상공회의소와 코트라의 합의서 최종 문안).
38	82-5	남한 코트라(KOTRA)의 헝가리 지사(支社)와 관련된 문제들.
38	82-5	헝가리-남한 관계의 몇 가지 문제에 관하여.
38	82-7	남한 체육부장관의 헝가리 방문과 데아끄 가보르(Deák Gábor) 동지와 나눈 회담에 관한 안내.
38	82-7	국제스포츠연맹기구(AGFIS) 남한 의장의 방문.
38	82-7	서울에서 개최된 회담에 대해 헝가리 올림픽위원회 파견단의 자세한 전문(專門) 보고.

Box 번호	파일번호	제목
58	81-1	조선 외무성 부상(副相)의 헝가리 방문.
58	81-1	평양의 헝가리 대사 꼬르니데쓰 미하이(Kornidesz Mihály) 박사(Dr. Kornidesz Mihály)에게 신임장 제정.
58	81-1	조선 대사의 방문.
58	81-1	조선의 외무상에게 전하는 바르꼬늬 삐떼르(Várkonyi Péter) 박사 동지의 회신.
58	81-1	조선을 주제로 한 국제회의.
58	81-1	조선의 신임 대사인 김평일(Kim Pjong Il) 동지와의 대화를 위해 바르꼬늬 삐떼르(Várkonyi Péter) 박사 동지에게 제안한 대화 주제 요약-호른 쥴러(Horn Gyula) 동지는 부재(不在).
58	81-1	조선의 신임 대사와 나누게 될 그로쓰 까로이(Grósz Károly) 동지의 대화 주제 요약.
58	81-1	조선의 신임 대사인 김평일(Kim Pjon Il) 동지와 나누게 될 수상청(首相廳) 청장, 부청장의 대화 주제요약-제안.
58	81-1	조선의 대사와 나누게 될 그로쓰 까로이(Grósz Károly) 동지의 대화 주제-제안.
58	81-1	바르꼬늬(Várkonyi) 동지에게 전하는 조선 외무상(相)의 서신.
58	81-1	조선민주주의인민공화국에 대한 안내.
58	81-1	외교공관의 과업 및 생활 조건들.
58	81-2	(헝가리의) 페이이르(Fejér) 도(道)와 황해북도 간(間) 협력에 대한 헝가리의 회신.
58	81-2	당(黨) 간(間) 협력.
58	81-2	조선로동당 중앙위원회 회의(1988년 3월 7일-11일).
58	81-2	남북 국회 회담.

58	81-2	세계 평화평의회와 조선 평화위원회가 평양에서 조직한 평화 회담.
58	81-3	남한의 비행기 사고 관련 부다페스트 주재 조선 대사관의 자료.
58	81-5	평양에서 헝가리-조선의 정부 간(間) 위원회 분과 부위원장의 회담(헝가리의 회담 기본 원칙).
58	81-5	헝가리-조선의 경제 및 학술-기술 협의 정부 간(間) 위원회(OTMKKB) 부의장 회담에 관한 자료.
58	81-5	헝가리공화국의 국가계획국(國家計劃局)과 조선의 국가계획위원회 간(間) 협력에 관한 기록.
58	81-5	헝가리-조선의 국내 상업성(省) 관계-머려이(Marjai) 동지에게 전하는 떠러버(Taraba) 동지의 서신.
58	81-5	헝가리와 조선의 1988년 물자교환과 지불에 관한 기록.
58	81-5	1988년의 헝가리-조선의 물자교환-교역 회담에 대해 준비한 보고와 기록.
58	81-5	1988년의 헝가리-조선의 물자교환-교역 및 지불 관련 회담에 대한 보고.
58	81-5	대외무역 상무관의 자료 발송.
58	81-5	상무(商務) 참사의 연차(年次) 보고.
58	81-5	소련-조선의 경제 합동위원회 제22차 회의.
58	81-6	헝가리에서 조선의 보건 사절단 접견.
58	81-7	제13차 세계청년축전(VIT)에 대한 헝가리의 지원.
58	81-7	평양의 세계청년축전(VIT) 준비.
58	81-7	국제회의에 조선의 전문가들을 초청.
58	81-7	서울 지도 발행과 관련하여 조선 외교관의 문제제기.
58	81-7	헝가리-조선의 기술-학술 협력 소위원회 제13차 회의(보고와 기록).
58	81-8	중국과 조선에 관한 이코노믹스 인텔리전스 유닛(EIU, 영국)의 보고.

58	81-8	조선로동당 잡지에 니콜라에 차우셰스쿠(N. Cseausescu)의 발언.
58	81-I-202	기밀문서 송신 기록.
58	81-II-99	조선 사회과학 학술원 주최 조선 관련 연구에 대한 국제학술대회.
58	81-II-99	헝가리-조선의 경제 협력 문제 관련 조선의 관계기관에 전하는 헤르끄네르 오또(Herkner Ottó) 동지의 서신.

Box 번호	파일번호	제목
59	82-1	헝가리는 남한과의 교류를 기교적(기술적) 성격을 가진 것으로 조선 측에 대응하는데, 이에 대한 평양의 반발.
59	82-1	헝가리-남한 관계의 현안들.
59	82-1	남한과 사회주의 국가들.
59	82-1	민족 자존, 통일, 번영을 위한 노태우 대통령의 특별 담화.
59	82-1	남한 출장 보고.
59	82-1	헝가리와 남한에 상주대표부 설립 준비.
59	82-1	헝가리와 남한에 상주대표부 설립 준비.
59	82-1	서울에 상주대표부 설립과 관련된 문제에 대해 운영위원회 회의.
59	82-1	한국에 부다페스트 상주대표부 설립 준비.
59	82-1	한국에 부다페스트 상주대표부 설립.
59	82-1	기록-한국에 부다페스트 상주대표부 설립.
59	82-1	상주대표부 설립에 관한 남한의 안내.
59	82-1	기록-서울에 헝가리 상주대표부 설립과 관련한 기술적 준비.
59	82-1	서울에 상주대표부 설립.
59	82-1	서울에 헝가리 상주대표부 설립 준비에 관한 안내.
59	82-1	헝가리-남한의 국회 관계 건(件)(남한 국회의원의 헝가리 방문 의향).
59	82-1	헝가리와 한국의 관계 추이.
59	82-1	헝가리-남한의 관계들.
59	82-1	중앙위원회의 11월 20일 회의에 대해 헝가리-남한의 관계 개선 관련 기본 자료.
59	82-1	헝가리-남한의 관계 설립과 관련한 일정 문제들.

59	82-1	헝가리-한국의 관계에 대한 폴란드의 관심.
59	82-1	남한 참사의 방문.
59	82-1	남한의 관계 부처(部處) 장관인 신동원(Szin Dong Von)에게 호른 줄러(Horn Gyula) 박사 동지가 초청장 발송.
59	82-1	니메트 미끌로쉬(Németh Miklós) 동지의 수상 선출과 관련하여 한국 총리와 교환한 메시지 및 축하와 감사 인사.
59	82-1	한국 외무부 차관(次官)의 헝가리 방문.
59	82-1	신동원(Szin Dong Von) 한국 외무부 장관과 예정된 회담에 대해 호른(Horn) 동지에게 전하는 회담 주제 개요.
59	82-1	신동원(Szin Dong Von) 한국 외무부 장관과 예정된 면담에 대해 각료회의 의장인 니메트 미끌로쉬(Németh Miklós) 동지에게 전하는 면담 주제 개요.
59	82-2	(남한) 야당 지도자(김영삼, Kim Young Sam)의 헝가리 방문에 대한 한국 측의 의사 표명.
59	82-5	국제문화연구소에서 코트라(KOTRA) 지사의 관장이 방문하여 부다페스트에서 "한국의 날" 행사 장소 및 학생 교류 프로그램에 대해 문의.
59	82-5	헝가리 상무관의 서울 사무소 소장인 챠늬 샨도르(Csányi Sándor)의 요약 보고.
59	82-5	헝가리 상무관 서울 사무소의 과업에 대해 진행한 회의.
59	82-5	서울의 헝가리 상무관에 헝가리 관련 선전 자료를 제공.
59	82-5	서울의 헝가리 상무관의 10월 보고.
59	82-5	서울에서 헝가리 전시회.
59	82-5	부다페스트에서 헝가리-남한의 교역 회의.
59	82-5	서울에서 개최한 헝가리 회사 박람회에 관한 보고.
59	82-5	헝가리-남한의 항공 협정.
59	82-5	남한의 경제인들과 헝가리 경제회의소(MGK)에서 나눈 회담.
59	82-5	남한의 경제 계획 수정.
59	82-5	헝가리-남한의 경제, 재무 프로그램에 관한 회담들.

59	82-5	남한의 경제 담당 참사의 소개 인사 차 방문에 대한 상업성(省)의 기록.
59	82-5	헝가리-남한의 은행들 간(間) 관계(헝가리-남한의 경제-재무 프로그램 실행 관련).
59	82-5	이중과세금지에 대한 남한의 초안.
59	82-5	헝가리-남한의 경제 관계들.
59	82-7	헝가리 올림픽위원회 사절단의 서울 방문에 관한 보고(올림픽 외교 무관(務官)에게 위임장 발행).
59	82-7	공식적인 파견인원 외에 올림픽에 파견되는 헝가리 인원.
59	82-7	국제문화연구소와 남한의 국제문화원의 협력 합의-초안.
59	82-7	국제문화연구소와 남한의 국제문화원의 협력 합의-초안.
59	82-7	남한에서 개최되는 국제 포럼에 도보지 이슈뜨반(Dobozi István)의 참가.
59	82-7	남한의 교수, 김성환(Kim Szang Hvan, Seung Hwan Kim)의 헝가리 방문.
59	82-7	일해재단이 주최하는 남한-유고슬라비아-헝가리 관련 국제 학술대회.
59	82-7	남한에서 펜클럽(PEN Club) 총회.
59	82-7	체육 협력에 관한 전국청년체육청(廳)과 한국의 체육부 간(間) 합의.
59	82-8	유엔에서 남한의 인쇄물(한국의 비행기 사고 관련).
59	82-8	미국 국적의 남한 출신 작가 개홍(Kai Hong)이 헝가리 텔레비전 방송국에 도움 요청: 부다페스트 주재 북한 대사관과 관계를 맺고 싶어함.
59	82-8	헝가리에 관한 남한 일간지의 기사.
59	82-8	헝가리와 남한 관계에 대한 남한의 언론.
59	82-8	사회주의 국가들과 진행한 상업 활동에 관한 남한 일간지의 기사.

Box 번호	파일번호	제목
72	81-1	조선의 대리대사인 방룡갑(Bang Rjong Gab)의 소개 인사 차 방문.
72	81-1	조선 대리대사의 방문.
72	81-1	조선 대리대사의 마튜쉬(Mátyus) 동지 방문.
72	81-1	조선 대리대사의 〈주간 사진(Képes Hét)〉 편집장 방문.
72	81-1	조선의 대리대사, 방(Bang)의 방문.
72	81-1	조선과 헝가리의 연대.
72	81-1	조선 대리대사에게 외교 각서로서 회신함.
72	81-1	조선-헝가리의 외교 관계를 대리대사급 수준으로 하향.
72	81-1	헝가리 언론에 한국과 조선을 주제로 한 기사와 관련하여 조선 대리대사의 문제제기.
72	81-1	조선 대리대사의 헝가리통신사(MTI) 사장 방문.
72	81-1	조선 대리대사의 요청.
72	81-1	사라진 조선 학생 건(件)과 관련한 조선 대리대사의 관심.
72	81-1	방(Bang) 공사(公使)의 교육성 방문(조선 학생들의 최종 귀국 알림).
72	81-1	조선 대리대사의 방문.
72	81-1	조선 대리대사의 방문.
72	81-1	조선의 대리대사, 방(Bang)의 방문.
72	81-1	평양 주재 헝가리 대사관의 상황. 대사관의 직원들 관련 문제.
72	81-1	평양 주재 헝가리 대사관과 부다페스트 주재 조선 대사관 의 상황.

72	81-1	부다페스트 주재 조선 대사관의 활동과 관련된 문제점들 및 헝가리-조선의 관계에 영향을 주는 문제점들에 대해 조선의 대리대사와 의견을 교환.
72	81-1	헝가리 측의 문제 제기에 대한 조선 외교관의 답변.
72	81-1	부다페스트 주재 조선 대사관의 외교관 인원과 외교 차량 축소를 주제로 한 외교 각서 발송.
72	81-1	조선에서 4월 4일(헝가리의 해방절) 축하행사.
72	81-1	헝가리와 조선 간(間) 비자면제협정 취소.
72	81-1	조선 대리대사의 방문.
72	81-1	한국의 유엔 가입에 관한 헝가리 외무성 대변인의 1989년 8월 21일 안내.
72	81-1	헝가리-조선의 관계들.
72	81-1	헝가리 언론의 조선과 관련된 기사들 때문에 조선의 새로운 문제제기.
72	81-1	남북대화에 대한 조선의 평가.
72	81-1	통일 문제에 있어서 조선의 제안.
72	81-1	남북 문제. 통일 문제에 있어서 헝가리의 입장.
72	81-1	한반도 비핵화(非核化)에 대한 조선의 제안.
72	81-1	체코슬로바키아 대사의 이임식(離任式)에서 김일성의 발언.
72	81-1	조선의 대리대사, 강홍(Kang Hon)의 방문.
72	81-3	헝가리 내무성(省)이 조선의 해당기관과 휴가 프로그램 교환.
72	81-5	기술무역회사 사절단의 출장 보고(조선).
72	81-5	헝가리-조선의 정부 간(間) 경제 위원회 제9차 회의 준비.
72	81-5	상무(商務) 참사의 연차(年次) 보고.
72	81-7	헝가리-조선의 국가계획위원회 간(間) 협력.
72	81-7	평양의 봄 축제.
72	82-7	헝가리-조선의 기술-학술 협력 소위원회 제14차 회의.
72	82-8	헝가리-조선의 관계와 관련한 성명 문구 제안.
72	82-8	"한민전"의 2월 4일 성명(러시아어).

72	82-8	일간지 "로동신문"의 기사.
72	81-I-211	기밀자료 송수신 목록.
72	81-II-99	조선의 국방상(相) 대리(代理)에게 내무상(相) 호르바트 이슈뜨반(Horváth István) 박사가 전하는 서신(조선 국방성(省) 사절단 방문).
72	81-II-99	벡 떠마쉬(Beck Tamás) 상업상(相)에게 서신 전달.
72	81-II-99	우르반 러요쉬(Urbán Lajos) 동지에게 전하는 정부 간(間) 위원회 조선 측 의장의 회신.

Box 번호	파일번호	제목
71	82-1	그로쓰(Grósz), 니메트(Németh), 그리고 호른(Horn) 동지에게 신동원의 서신 발송.
71	82-1	남한 외무부장관의 이력.
71	82-1	서울의 헝가리 상주대표부 건물.
71	82-1	헝가리-남한의 표준연구소 간(間) 업무 협력.
71	82-1	호른 쥴러(Horn Gyula) 차관보(次官補)의 남한 방문.
71	82-1	한국과 예정된 협상에 대한 호른 쥴러(Horn Gyula) 동지의 협상 주제 요약.
71	82-1	한택채(Han Tak Cse) 상주대표부 대표가 소개 인사 차 니메트 미끌로쉬(Németh Miklós) 수상을 방문(대화 주제 요약).
71	82-1	한국 상주대표부 대표의 소개 인사 차 니메트 미끌로쉬(Németh Miklós) 동지 방문.
71	82-1	헝가리 최고평의회 의장에게 한국 대사와 예정된 대화를 위해 보내는 대화 주제 요약.
71	82-1	바르꼬늬(Várkonyi) 동지에게 한택채(Han Tek Cse) 한국 대사와 예정된 대화를 위해 보내는 대화 주제 요약.
71	82-1	한택채(Tak-Chae Han) 남한 대사의 방문.
71	82-1	바르꼬늬 뻬떼르 박사(dr. Várkonyi Péter) 동지에게 한택채(An Tak Cse) 남한 대표부 대표와 예정된 대화를 위해 보내는 대화 주제 요약(1988년 12월).
71	82-1	함(Ham) 참사의 방문.
71	82-1	한국의 대사가 쒸뢰쉬 마탸쉬(Szűrös Mátyás) 박사를 방문.
71	82-1	바르꼬늬 뻬떼르 박사(dr. Várkonyi Péter) 동지에게 보내는 기록.

71	82-1	외교 관계 수립에 관해 남한의 부다페스트 대표부에 보내는 외교 각서.
71	82-1	김대중(Kim De Dzsung)의 헝가리 방문.
71	82-1	남한의 최대 야당(野黨)에 관한 안내(평화민주당).
71	82-1	김대중(Kim De Dzsung)의 헝가리 방문.
71	82-1	남한의 최(Csö) 외무부장관에 대한 바르꼬늬(Várkonyi) 동지의 초청.
71	82-1	남한 외무부장관, 최(Csö)의 헝가리 방문.
71	82-1	한국 외무부장관과 양자 관계에 관하여 예정된 회담에 대해 바르꼬늬(Várkonyi) 동지에게 보내는 주제 요약.
71	82-1	남한 외무부장관의 방문(교통, 공보, 그리고 건설성(省)의 자료).
71	82-1	최호중(Csö Ho-Dzsung) 남한 외무부장관의 헝가리 공식 방문에 관한 외무성 대변인의 안내.
71	82-1	남한 외무부장관의 방문(헝가리 국립 은행의 자료).
71	82-1	남한 외무부장관의 방문(헝가리 신용은행, MHB).
71	82-1	남한 외무부장관의 방문.
71	82-1	남한 외무부장관의 방문(국제문화연구소(NKI)의 자료).
71	82-1	남한 외무부장관의 방문(산업성(省) 자료).
71	82-1	남한 외무부장관의 방문(상업성(省) 자료).
71	82-1	부다페스트 공과 대학교와 단국대학교와의 관계.
71	82-1	남한 외무부장관 환영 점심 만찬에서 바르꼬늬(Várkonyi) 동지의 건배사.
71	82-1	그로쓰 까로이(Grósz Károly) 동지에게 보내는 최호중(Csö Ho-Dzsung) 남한 외무부장관과 예정된 회담 관련 대화 주제 요약.
71	82-1	헝가리 최고평의회 의장에게 보내는 최호중(Csö Ho-Dzsung) 남한 외무부장관과 예정된 회담 관련 대화 주제 요약.
71	82-1	쒸뢰쒸 마탸쉬(Szűrös Mátyás) 동지에게 보내는 최호중(Csö Ho-Dzsung) 남한 외무부장관과 예정된 회담 관련 대화 주제 요약.

71	82-1	헝가리 지도자들에게 전하는 한국 외무부장관의 감사 서신.
71	82-1	남한 참사의 방문.
71	82-1	남한 대리대사의 방문.
71	82-1	헝가리와 한국 외무부 간(間) 협력에 관한 합의문(초안) 제안서.
71	82-1	헝가리-남한의 외무 업무 자문(諮問).
71	82-1	바르꼬늬 삐떼르(Várkonyi Péter) 동지에 대한 남한 외무부장관의 초청장.
71	82-1	헝가리와 한국의 관계에 대한 안내(1989년 4월 바르샤바 조약기구 지역 책임자 회의에 대해).
71	82-1	헝가리-남한 관계의 현안들.
71	82-1	헝가리와 한국의 관계에 대한 안내.
71	82-1	헝가리와 한국의 관계에 대한 안내.
71	82-1	헝가리와 한국의 관계들.
71	82-1	한국 대통령에게 전하는 그로쓰(Grósz) 동지의 메시지.
71	82-1	쒸뢰쉬 마탸쉬(Szűrös Mátyás) 동지에게 전하는 한국 국회의장의 인사 서신.
71	82-1	한국 대통령이 4월 4일 기념일(헝가리의 해방절)을 맞아 전하는 축하인사에 대해 슈뜨러우브 F. 브루노(Straub F. Brunó) 최고 평의회 의장의 회신 전문(電文).
71	82-1	남한 교육 사절단의 헝가리 방문.
71	82-1	민주정의당 국회 모임 단장의 방문 계획.
71	82-1	호른 쥴러(Horn Gyula) 동지의 외무상(相) 임명을 맞아 남한 외무부 지도자들의 인사.
71	82-1	문익환(Mun Ik Hwan)의 평양 방문.
71	82-1	노태우(Ro The U)의 헝가리 방문과 관련된 헝가리 환영 준비 박차.
71	82-1	남한 대통령의 헝가리 방문 준비(경제 관련 주제들).
71	82-1	남한 대통령의 그로쓰 까로이(Grósz Károly)와 슈뜨러우브 F. 브루노(Straub F. Brunó) 초청.

71	82-1	노태우(Ro The U) 남한 대통령의 헝가리 방문 준비(한국 측은 헝가리에 부다페스트 주재 조선 대사관 관원(館員)들의 신상 자료를 요구).
71	82-1	노태우(Ro The U) 남한 대통령의 헝가리 방문(인터콘서트(Interkoncert, 헝가리의 예술 에이전트 회사)의 자료).
71	82-1	노태우(Ro The U) 한국 대통령과 니메트 미끌로쉬(Németh Miklós) 수상의 예정된 회담에 대해.
71	82-1	뽀즈거이 임레(Pozsgay Imre)와 노태우(Ro The U) 한국 대통령과 예정된 대화에 대한 주제 요약.
71	82-1	쒸뢰쉬 마탸쉬(Szűrös Mátyás)와 노태우(Ro The U) 한국 대통령과 예정된 대화에 대한 주제 요약.
71	82-1	녜르쉬 레죄(Nyers Rezső)와 노태우(Ro The U) 한국 대통령과 예정된 대화에 대한 주제 요약.
71	82-1	캄보디아 문제. 헝가리의 입장.
71	82-1	노태우(Ro The U) 남한 대통령 특사의 부다페스트 방문.
71	82-1	한국 대통령과 노태우(Ro The U) 부인을 맞아 환영 저녁 만찬에서의 건배사.
71	82-1	호른 쥴러(Horn Gyula)와 최호중(Csö Ho-Dzsung)의 회담에 대한 주제 요약(1989년 11월 23일).
71	82-1	헝가리 라디오 방송국와 남한의 관계.
71	82-1	한국 대통령의 헝가리 방문에 대한 정보.
71	82-1	북방정책.
71	82-1	또르저 이슈뜨반(Torzsa István) 1등 서기관의 보고.
71	82-1	한국 대사(大使)의 사저 구입/임대 관련.
71	82-1	슈뜨러우브 F. 브루노(Straub F. Brunó)의 한국 광복절 축하 인사에 대한 노태우 대통령의 회신 전문(電文).
71	82-1	남한 정부의 선물 접수.
71	82-1	정부 초대소에 전한 남한 회사의 기증품.
71	82-1	남한의 장관급 공무원들의 헝가리 방문.

71	82-1	메제시 뻬떼르(Medgyessy Péter) 동지의 남한 방문 준비.
71	82-1	메제시 뻬떼르(Medgyessy Péter) 동지의 남한 방문 준비.
71	82-1	한국 부총리가 메제시(Medgyessy) 동지를 초대.
71	82-1	메제시 뻬떼르(Medgyessy Péter) 부수상에게 보내는 노태우 (Ro The U) 한국 대통령, 강영훈(Kang Jong Hun) 국무총리, 최호중(Csö Ho Dzsung) 외무부장관과 예정된 대화에 대한 주제 요약.
71	82-1	메제시 뻬떼르(Medgyessy Péter) 박사 동지에게 전하는 한국 부총리와 예정된 회담의 정치적 주제들에 대한 회담 주제 요약.
71	82-1	함(Hahm) 남한 참사의 방문.
71	82-1	함(Hahm) 참사의 방문.
71	82-1	호른(Horn) 동지와 최호중(Choi Ho-Joong) 남한 외무부장관의 회동에 대한 대화 주제 요약(뉴욕, 1989년 12월 27일).
71	82-1	남한의 최(Choi) 외무부장관이 호른 쥴러(Horn Gyula) 외무상(相)에게 전하는 서신 번역.
71	82-1	한국에 대한 유익한 정보들.
71	82-1	남한의 새로운 통일 제안.
71	82-1	남한 행정부 관료들의 헝가리 방문.
71	82-1	쒸뢰쉬 마탸쉬 박사(dr. Szűrös Mátyás)에게 전하는 한국 대통령의 인사.
71	82-1	회담보고(메제시 뻬떼르(Medgyessy Péter) 부총리와 남한의 한승수(Han Seung Soo) 상공부장관).
71	82-1	회담보고(벡 떠마쉬(Beck Tamás) 상업상(相)과 남한의 한승수(Han Seung Soo) 상공부장관).
71	82-1	뻬로셔 이슈뜨반(Perosa István)의 임지(任地, 서울) 부임 전 (前) 업무 관련 학습 계획 실행.
71	82-1	남한 장관의 헝가리 방문.
71	82-1	한국 대통령의 헝가리 방문(교통통신건설성(省)의 회담 기초 자료).

71	82-1	의회 사절단의 서울 방문.
71	82-1	신년 축하 인사.
71	82-2	문익환(Mun Ik Hvan)의 평양 방문(러시아어 자료 포함).
71	82-2	남한 야당 지도자(김영삼, Kim Young Sam)의 헝가리 초청.
71	82-2	헝가리-남한의 청년 관계.
71	82-5	헝가리-남한의 경제 관계.
71	82-5	헝가리-남한의 경제 관계에 대해.
71	82-5	헝가리-남한의 합작(合作) 회사들.
71	82-5	헝가리-남한 간(間) 이중과세 철폐 합의 준비.
71	82-5	헝가리-남한 간(間) 이중과세 철폐 예비 협약.
71	82-5	헝가리 정부와 남한 정부 간(間) 이중과세 철폐 및 탈세 방지에 관한 협약 체결과 그 승인에 대한 내각의 발표.
71	82-5	이중과세 철폐와 탈세 방지에 관하여 헝가리-한국 간(間) 협약 체결.
71	82-5	헝가리-남한의 관광 교류 협약의 헝가리 측 초안.
71	82-5	헝가리-남한의 관광 협약.
71	82-5	헝가리-한국 간(間) 관광 협약 체결.
71	82-5	헝가리-한국의 관광 협약.
71	82-5	헝가리-남한의 관광 협약.
71	82-5	헝가리-남한의 산업 협력.
71	82-5	남한의 재무부 차관(次官)과 헝가리 재무성(省)에서 진행한 회담에 관한 기록.
71	82-5	헝가리-남한의 산업 협력.
71	82-5	헝가리-남한의 항공 협약.
72	82-5	남한과 상업 및 경제 협력과 관련한 정부 합의.
72	82-5	헝가리-남한의 농업 관계.
72	82-5	헝가리-남한의 농업 관계.
72	82-5	서울에서 제2회 헝가리-남한의 경제학자 원탁회의.
72	82-5	남한에서 합작(合作)회사 설립 허가.

72	82-5	헝가리-남한의 경제 협력 합동위원회 회의록과 보고서(부다페스트, 1989년 6월 5일-7일).
72	82-5	제2차 남한-헝가리의 경제학자 원탁 회의에 참가한 헝가리 파견단의 활동에 관하여.
72	82-5	헝가리-남한의 경제 협력 가능성.
72	82-5	헝가리의 계획성(省)과 한국의 경제기획원(經濟企劃院) 간(間) 관계.
72	82-5	슈삘라끄 F(Spilák F) 부상(副相)에게 전하는 임권오(Im Kon-oh)의 서신.
72	82-5	헝가리-남한의 상공회의소 간(間) 관계(가보르 언드라쉬 (Gábor András)의 출장 보고).
72	82-5	헝가리-남한의 재무 관계.
72	82-5	헝가리-남한의 상호 관계.
72	82-5	국가 계획성(省)의 남한과의 관계.
72	82-7	헝가리-남한의 교육 관계(서울에 전하는 쎄게드 대학교 (Szegedi egyetem)의 서신).
72	82-7	부다페스트 공과(工科)대학교(Budapesti Műszaki Egyetem)의 남한 방문.
72	82-7	부다페스트 공과(工科)대학교(Budapesti Műszaki Egyetem) 총장의 남한 방문(출장 보고).
72	82-7	서울의 외국어 대학교에 교육성의 도서 증정.
72	82-7	헝가리-남한의 교육 관계.
72	82-7	헝가리-남한의 교육 관계.
72	82-7	헝가리-남한의 문화 협력.
72	82-7	인터내셔널 콘서트단(團, 헝가리 국영 회사명) 단장의 남한 출장 보고.
72	82-7	헝가리-남한의 기술-학술 협력.
72	82-7	헝가리-남한의 학술-기술 과업 계획에 대한 서명 준비.
72	82-7	헝가리-한국의 기술-학술 협력에 대한 합의서 승인.

72	82-7	헝가리-남한의 학술-기술 협력 관련 회의록(호르바트(Horváth)-이(Rhee) 회동).
72	82-7	한국 정부 초청 외국인 장학생 모집 관련.
72	82-7	"남한 주간(週間)" 행사에 관한 보고.
72	82-7	한국 방문 출장에 대한 보고.
72	82-7	차끼 처버(Csáki Csaba)의 출장 보고(한국).
72	82-7	국제문화연구소(NKI)의 남한 관계.
72	82-8	헝가리에 관한 남한 일간지의 기사.
72	82-8	신문 기사(記事) 사본을 송부(부다페스트에서 개최된 미주 여행협회(ASTA) 총회에 대한 남한의 신문 기사).
72	82-8	메제쉬(Medgyessy) 동지의 인터뷰가 실린 남한 신문(매일경제신문) 제출.
72	82-8	남한 언론의 흥미로운 기사들.
72	82-8	헝가리 당(黨) 총회에 관한 남한의 언론.
72	82-8	헝가리 국영 TV방송국의 한국 텔레비전 방송 관련 기관들과의 관계.
72	82-I-19	버꼬쉬 띠보르 부인(Bakos Tiborné)의 구두 보고(서울).
72	82-I-202	파기 목록 송부.
72	82-I-202	파기 목록 보고.
72	82-I-24	송수신 목록 보고.
72	82-II-99	헝가리-남한의 표준협회(標準協會) 간(間) 관계.
72	82-II-99	랑 이슈뜨반(Láng István)에게 전하는 한국학술재단 원장의 서신.
72	82-II-99	메제시 삐떼르(Medgyessy Péter)에게 전하는 서신.
72	82-II-99	이홍구(Hyung-Koo Lee) 남한 부총리에게 전하는 차관보 께메네쉬 에르뇌(Kemenes Ernő) 박사의 서신.
72	82-II-99	헝가리-남한의 의회 관계.
72	82-II-99	국제문화연구소에서 작성한 헝가리의 음악 관련 소개 자료를 서울과 도쿄 주재 헝가리 대사관으로 송부.

Box 번호	파일 번호	문서 번호	제목
59	81-1	936-1	조선 외무성의 서신.
59	81-1	936-2	조선 외무성의 서신.
59	81-1	936-5	조선 대리대사의 방문.
59	81-1	1153	평양 주재 헝가리 대사관의 관원 문제들.
59	81-1	1553	남북대화.
59	81-1	1553-2	헝가리 외무상에게 김영남(Kim Jong Nam)의 서신.
59	81-3	1553-3	한국 총리와의 회담에 대한 조선의 평가.
59	81-1	1553-3	한국 총리와의 회담에 대한 조선의 평가.
59	81-1	5127	새로운 동맹을 찾는 평양.
59	81-1	5889	니키틴(Nyikityin) 소련 부수상의 방문.
59	81-1	8020	조선 재무상(相)의 서신.
59	81-2	3167	남한으로부터 월북한 사람들 관련 기사(記事)가 조선의 언론에 자주 노출됨. 그들의 기자회견. 정착금이 월북의 배경.
59	81-5	3310	헝가리-조선의 1990년 물자교환 회담(보고).
59	81-5	5128	국제 전화, 텔렉스, 그리고 팩스 설치에 관한 조선 체신부의 비용 관련 자료.
59	81-7	8534	헝가리와 조선 학술원의 협력.
59	81-8	5129	조선에 대해 점증하는 소련 언론의 비판(소련 신문 기사(記事) 첨부).
59	81-9	7191	"조선민주주의인민공화국 외교부 의례국" 발행의 "조선민주주의인민공화국 령역 안에서의 외국인 려행 질서에 관한 규정"(자료 첨부).
59	81-I-202	5106	파기 목록 보고.

Box 번호	파일 번호	문서 번호	제목
59	82-1	1154-9	헝가리 전문가들에게 남한으로 연구 출장 제안 (이(Lee) 참사의 방문, 4월 4일).
59	82-1	1354-4	한국 대사와 나눈 대화에 관한 기록.
59	82-1	3662-1	남한의 학술-기술 사절단의 방문(5월 19일-23일)
59	82-1	3662-2	한국 사절단의 방문에 관한 기록.
59	82-1	3662-4	남한의 과학기술처 박(Park) 차관(次官)의 방문(배경자료).
59	82-1	5130	뻬로샤 이슈뜨반(Perosa István)의 보고.
59	82-1	5605-2	예쎈쓰끼 기저(Jeszenszky Géza) 외무상에게 포끄 J.(Fock J.)의 서신.
59	82-1	5851-1	예쎈쓰끼 기저(Jeszenszky Géza)와 김운용(Kim Un Hjong)의 회동 제안.
59	82-1	5851-2	써버드 죄르지(Szabad György)와 김운용(Kim Un Hjong)의 회동 제안.
59	82-1	5851-3	마들 페렌쯔(Mádl Ferenc)와 김운용(Kim Un Hjong)의 회동 제안.
59	82-1	5851-4	남북한 문제. 통일 문제에 대한 헝가리의 입장.
59	82-1	5851-5	헝가리와 한국의 관계에 대한 안내.
59	82-1	5851-6	괸츠 아르빠드(Göncz Árpád)와 김운용(Kim Un Hjong)의 대화 주제 요약.
59	82-1	7411	헝가리-남한의 고위급 방문.
59	82-1	7541	괸츠 아르빠드(Göncz Árpád)의 서울 방문.

59	82-1	7541-1	경제 및 경제 정책 안내.
59	82-1	7541-4	괸츠 아르빠드(Göncz Árpád) 헝가리 대통령의 서울 방문.
59	82-1	7541-5	괸츠 아르빠드(Göncz Árpád) 헝가리 대통령의 서울 방문(프로그램 제안).
59	82-1	7541-7	남북문제. 통일 문제에 있어서 헝가리의 입장.
59	82-1	7541-8	한국에 대해 알아두어야 할 유익한 정보.
59	82-1	7541-9	헝가리와 한국의 관계에 대한 안내.
59	82-1	7541-10	한국의 내정(內政) 상황에 대한 안내.
59	82-1	7541-11	한국의 외교 정책.
59	82-1	7541-12	한국의 경제에 관한 안내.
59	82-1	7541-13	괸츠 아르빠드(Göncz Árpád) 헝가리 대통령의 서울 방문.
59	82-1	7541-15	헝가리와 한국의 경제 협력에 관한 안내.
59	82-1	7541-21	한국 국회에서 괸츠 아르빠드(Göncz Árpád)의 연설.
59	82-1	7541-22	한국 사업가들과의 오찬에서 괸츠 아르빠드(Göncz Árpád) 헝가리 대통령의 만찬사.
59	82-1	9944	보르쉬츠 라쓸로(Borsits László)의 출장 보고.
60	82-2	1806	헝가리-남한의 의회 관계.
60	82-2	2854	1990년대 남한 노동조합의 과제.
60	82-2	8021	한국의 헌법재판소에 관한 안내.
60	82-2	9972	통일민주당.
60	81-5	299-3	조사 및 협상 목적으로 방문한 한국에 대한 출장 보고.
60	81-5	977	남한 대통령의 헝가리 방문에서 합의한 의제에 대하여 그 수행을 위한 조치 계획.
60	81-5	977-1	헝가리-남한의 경제 협력에 관한 안내.
60	81-5	977-3	헝가리-남한의 경제 관계.
60	81-5	977-4	헝가리-남한의 경제-통상 관계에 대한 한국의 의견.

60	81-5	977-5	헝가리-남한의 경제 관계. 경제합동위원회 제2차 회의.
60	81-5	977-6	헝가리-남한의 경제 관계.
60	81-5	977-7	헝가리-남한의 경제 협력.
60	81-5	1961-2/ 1961-1/ 1961/ 1989 986-9-, 8-, 7-, 6-, 5-, 4-, 3-, 2-, 1	헝가리-남한의 항공 협정에 대한 사후(事後) 승인.
60	81-5	2856	수출 장려 조치.
60	81-5	2869	한국과 대공산권수출통제위원회(코콤, COCOM).
60	81-5	4344	한국의 통상 및 차관(借款) 정책에 관해.
60	81-5	4482	헝가리 정부와 한국 정부 간(間) 소득세 분야에서 이중 과세 관련 탈세 방지에 관하여.
60	81-5	4482-1	소득세 분야에서 이중 과세 회피에 관한 헝가리- 한국의 협약(공포).
60	81-5	5132	문화 분야에서 양자(兩者) 관계 및 대사관의 문화 활동.
60	81-5	6431	주식회사 현대(Hyundai) 부다페스트 지점장의 방 문에 대한 보고.
60	81-5	6834	남한의 개인회사에 대한 등록 요청.
60	82-7	1154	헝가리-한국의 기술-학술 협력 과업 계획 준비와 관련된 업무들.
60	82-7	1154-1	헝가리-남한의 학술-기술 과업 계획.
60	82-7	1154-12	헝가리-남한의 학술-기술 과업 계획에 대하여 부 다페스트 공과(工科)대학교(BME)의 추가 제안.
60	82-7	1154-19	한국-헝가리의 학술-기술 전문가 회담(1990년 6월 11일-13일).

60	82-7	1154-21	외무성에서 부처(部處) 간(間) 회담(헝가리-남한의 학술-기술 과업 계획).
60	82-7	1154-30	한국-헝가리의 정부 간(間) 학술-기술 합동 위원회 제1차 회의.
60	82-7	1154-31	제1차 헝가리-남한의 학술-기술 합동 위원회 회의에 관한 헝가리국가기술발전위원회(OMFB) 의장의 출장 보고.
60	82-7	1771-2	한국와 다른 국가 간(間) 문화 협력 관계들.
60	82-7	2870	90년대의 한국의 학술-기술 발전 전략.
60	82-7	7693	헝가리-남한의 교육 협력.
60	82-7	8473	한국의 문학계(文學界) 단체(團體) 총괄.
60	82-8	2871	한국의 언론에서 헝가리(서울 주재 헝가리 대사관의 홍보 활동).
60	82-8	5114	"신동아(Szin Dong A)" 제목의 잡지에 실린 그레그(Gregg) 미국 대사의 인터뷰.
60	82-I-19	5108	버꼬쉬 띠보르 부인(Bakos Tiborné)의 보고.
60	82-I-202	5107	파기 목록 보고.
60	82-I-211	7999	송수신 목록 보고.

Box 번호	파일 번호	문서 번호	제목
37	81-1	4117/T	조선의 외교정책.
37	81-1	4225-1	헝가리 공화국과 조선민주주의인민공화국의 관계에 대한 안내.
37	81-1	5903/T	조선 대리대사의 방문.
37	81-1	7146-1	외교 관계 수준에 대한 문제.
37	81-1	7767/T	남북한의 관계에 대하여.
37	81-2	4118/T	조선의 내정(內政).
37	81-5	4696-1	헝가리-조선 간(間) 지금까지 무역, 채무 등을 결산-정리하는 회담의 기본 원칙.
37	81-5	4835	조선에서 핵개발.
37	81-5	7774/T	조선의 경제 상황(남한의 분석).
37	81-7	2409-1	양국(兩國)의 학술원 간(間) 협력.

Box 번호	파일 번호	문서 번호	제목
38	82-1	547	남북한 현안에 대한 미국 대사의 의견: 뉴욕에서 개최된 코리아 서사이어티(Korea Society)의 행사에서 연설한 내용.
38	82-1	703	평양 주재 헝가리 대사관 대리대사의 조선 외무성 방문 자료 중 일부.
38	82-1	720/T	대한민국 외교 정책에 관한 안내.
38	82-1	721/T	대한민국의 경제에 관한 안내.
38	82-1	721-1	대한민국 경제 발전에 있어서 주요 정책과 1991년의 경제 전망.
38	82-1	721-3	남북한에 관한 경제적 수치(數値)들.
38	82-1	721-4	대한민국 경제의 현재 상황.
38	82-1	722-1	쇼모지 페렌쯔(Somogyi Ferenc) 차관보의 극동(極東) 방문.
38	82-1	1459/T	대한민국 대통령의 소련 방문.
38	82-1	1582	의전 대상 목록 제출.
38	82-1	1582-3	의전 대상 목록 제출.
38	82-1	2585-4/T	외무상(相) 예쎈쓰끼 기저(Jeszenszky Géza) 박사와 노태우(Ro The U) 대통령 간(間) 회담에 대한 의제 제안.
38	82-1	2585-5	한국 국회의 헝가리-한국 친선 의원 모임에 관한 안내.
38	82-1	2585-6	남북한 문제. 통일 문제에 대한 헝가리의 입장.
38	82-1	2585-7	대한민국 외교 정책에 관한 안내.

38	82-1	2585-9	대한민국 경제에 관한 안내.
38	82-1	2585-10	대한민국 내정(內政)에 관한 안내.
38	82-1	2585-12	한국 외무부장관에게 보내는 헝가리 외무상(相) 예쎈쓰끼 기저(Jeszenszky Géza)의 감사 편지.
38	82-1	2585-13	헝가리 국회의장 써버드 죄르지(Szabad György)의 서울 방문 관련 의제 제안.
38	82-1	2585-14/T	예쎈쓰끼 기저(Jeszenszky Géza) 박사의 서울 회담에 대한 의제.
38	82-1	2585-15	예쎈쓰끼 기저(Jeszenszky Géza) 박사의 서울 방문.
38	82-1	2728/T	예쎈쓰끼 기저(Jeszenszky Géza) 박사의 서울 방문.
38	82-1	3004-2	헝가리-한국의 보건사회부(保健社會部) 간(間) 협력.
38	82-1	3025	대한민국에서 국제 단체들.
38	82-1	3464	한국 대사의 방문.
38	82-1	3464-1	한국 대사의 방문.
38	82-1	3464-2	한국 대사의 방문.
38	82-1	3464-4	한국 대사의 방문.
38	82-1	4303	헝가리 공화국과 대한민국의 관계에 대한 안내.
38	82-1	5399-2	부다페스트에서 한국 외무부 국장(局長)의 자문 (諮問).
38	82-1	5399-8	부다페스트에서 한국 외무부 국장(局長)의 자문 (諮問).
38	82-1	7024	대한민국 신임 대사의 소개 인사 차 방문.
38	82-1	7024-2	예쎈쓰끼 기저(Jeszenszky Géza) 박사와 박용우(Pak Jong U) 한국 대사의 소개 인사 차 회동에 관한 준비 자료들.
38	82-1	9105/T	한반도에서 일련의 문제들에 관한 의견.
38	82-1	9106	데미얀 샨도르(Demján Sándor)의 서울 방문.
38	82-1	9108/T	남북 간(間) 총리(總理) 회담.
38	82-1	9219	한국적십자사 총재의 (헝가리) 방문.
38	82-2	3116-1	헝가리-남한의 의회(議會) 관계.

38	82-2	4831-1	민주당의 정책 프로그램.
38	82-3	4540	헝가리-한국의 비자면제 및 비자발행 완화와 관련된 합의 발표.
38	82-5	1675-2	헝가리-한국의 경제 관계.
38	82-5	7744	헝가리 기술혁신원과 한국기술개발주식회사 간(間)의 협력 합의.
38	82-5	9490	(헝가리) 전국기술개발위원회 국제 프로젝트 사무소의 연구출장 보고서: 서울.
38	82-5	9520	헝가리-한국의 건설업 협력.
38	82-6	3117	헝가리-한국의 보건(保健) 협력.
38	82-7	236	헝가리-한국의 학술-기술 협력.
38	82-7	236-2	헝가리-한국의 학술-기술 협력 센터.
38	82-7	3007	한국의 교과서에 실린 헝가리 관련 내용들.
38	82-I-99	669	한국의 외교잡지 "Diplomacy" 전송(헝가리 공화국 대통령이 표지 인물로 선정).

Box 번호	파일 번호	문서 번호	제목
47	81-1	1159-2	조선의 외교관계에 대한 남한과 일본의 평가.
47	81-1	2656-2/T	조선의 대리대사가 방문.
47	81-1	2656-5	조선의 대리대사가 방문(핵(核) 검사(檢査) 관련).
47	81-2	3176/T	조선 내정(內政)의 전개상황.
47	81-2	3176-2/T	조선 내정(內政)의 현안들.
47	81-5	1166/T	조선의 경제적 상황에 대해.

Box 번호	파일 번호	문서 번호	제목
47	82-1	1160	남북대화의 진행에 대한 개요.
47	82-1	1739	한국의 외교정책에 관한 안내.
47	82-1	1810	헝가리와 한국의 관계에 대한 안내.
47	82-1	3181	한국 국회에 관한 안내.
47	82-1	4861	한국 과학기술처 장관의 헝가리 방문.
47	82-1	5498	한국에 관한 국가 정보, 알아두면 유용한 정보들.
47	82-1	6176	로씨끄 가보르(Roszik Gábor)의 서울 방문.
47	82-1	7892-1	남한 외교부 국장(局長)의 헝가리 방문(1992년 12월 1일-2일).
47	82-2	1162/T	문선명(Mun Szon Mjong)의 조선 예방(禮訪).
47	82-2	1811	한국의 내정(內政) 상황에 관한 안내.
47	82-2	1811-1	4대(4大) 국회 정당의 정책 비교.
47	82-2	3170	남한의 청년 조직에 관한 안내.
47	82-2	3176-1	노태우(Ro The U) 대통령이 현재 재직 시까지 달성한 성과.
47	82-2	4846/T	한국에서 대통령 선거 준비.
47	82-2	4846-1/T	3대(大) 주요 정당(민자당, 민주당, 통일국민당)의 대통령 선거 전략.
47	82-5	1163/T	헝가리, 체코슬로바키아, 폴란드가 유럽공동체 가입을 위한 합의에 서명함으로써 유럽공동체 가입의 첫 걸음을 내딛음. 이에 대한 한국의 반향(反響).
47	82-5	1809	한국의 경제에 관한 안내.
47	82-5	1809-1	한국 정부는 (한국) 국내 중소기업을 어떻게 지원하는가?

47	82-5	3175	언론으로 본 남북 간(間) 경제 관계 상황.
47	82-5	3181	한국과 아세안(ASEAN).
47	82-5	3793	남한의 차관(借款).
47	82-5	8520	경제합동위원회 제4차 회의에 관한 보고(서울, 1992년 11월 26일-27일).
47	82-7	595-8	헝가리-남한의 기술-학술 관계의 현안.
47	82-7	2082	헝가리-남한의 스포츠 협약.
47	82-7	3066	헝가리-남한 간(間) 기술 협력 센터 설립.
47	82-7	5736	코이카(Koica) 의장의 부다페스트 방문(1992년 7월 21일-29일).
47	82-7	5736-1	코이카(Koica) 의장의 방문.

편역자

▎김보국

한국외국어대학교 헝가리어과 졸업
한국외국어대학교 일반대학원 동유럽어문학과 졸업
외뜨뵈쉬 로란드 대학교(ELTE, Eötvös Loránd Tudományegyetem)에서 박사학위 취득
(전) 외뜨뵈쉬 로란드 대학교 한국학과 전임강사
(전) 서울대학교 강사
(전) 글래스고 대학교(University of Glasgow) 초빙 연구원
(전) 성균관대학교 성균중국연구소 박사 후 연구원
(현) 한국외국어대학교 강사
(현) 성균관대학교 대동문화연구원 수석연구원

「에지뻬르쩨쉬 단편집(Egyperces Novellák)의 번역관련 문제와 대안적인 번역 방법에 대한 연구」, 「차쓰 기저(Csáth Géza)의 단편소설 〈마법사의 정원(A varázsló kertje)〉 연구」 등 다수의 문학 관련 논문과 「헝가리 외교기밀문서 중 1950년대 북한 예술인 관련 자료 해제」, "Forgotten era, forgotten people: The North Korean diaspora" 등 다수의 헝가리 문서보관소 소장 남북한 자료 관련 논문 게재.
　조세희 소설『난장이가 쏘아 올린 작은 공』헝가리어 번역(A törpe), 나더쉬 뻬떼르(Nádas Péter) 소설『세렐렘(Szerelem)』한국어 번역,『헝가리 외교문서로 본 북한의 문예』등 다수의 저서, 역서 출판.